AD GENTES

DECRETO DO CONCÍLIO VATICANO II SOBRE A ATIVIDADE MISSIONÁRIA DA IGREJA

Imprima-se
São Paulo, 18-8-1966
† J. Lafayette
Vigário Geral

TRADUÇÃO PORTUGUESA DO SECRETARIADO NACIONAL
DO APOSTOLADO DA ORAÇÃO EM PORTUGAL

5ª edição – 2006
4ª reimpressão – 2022

Nenhuma parte desta obra poderá ser reproduzida ou transmitida por qualquer forma e/ou quaisquer meios (eletrônico ou mecânico, incluindo fotocópia e gravação) ou arquivada em qualquer sistema ou banco de dados sem permissão escrita da Editora. Direitos reservados.

Paulinas
Rua Dona Inácia Uchoa, 62
04110-020 – São Paulo – SP (Brasil)
Tel.: (11) 2125-3500
http://www.paulinas.com.br – editora@paulinas.com.br
Telemarketing e SAC: 0800-7010081

© Pia Sociedade Filhas de São Paulo – São Paulo, 1966

AD GENTES

DECRETO DO CONCÍLIO VATICANO II
SOBRE A ATIVIDADE MISSIONÁRIA DA IGREJA

O ponto de partida deste documento foram as 177 propostas enviadas a Roma durante o período preparatório do Concílio. A Comissão competente recebeu o encargo de desenvolver cinco pontos: o dever missionário, as vocações missionárias, a formação e a ação dos missionários, o clero autóctone e o respeito pelas culturas locais, as relações entre dioceses e missões. Daí nasceram sete esquemas diferentes, dos quais foram escolhidos apenas dois especificamente missionários; uma vez fundidos num só, apareceu o esquema de decreto intitulado "De missionibus", de caráter acentuadamente jurídico, com um proêmio e dois capítulos em 21 páginas. Uma vez iniciado o Concílio, a nova Comissão conciliar recebeu o estudo feito e elaborou um outro esquema, dividido em duas partes com três capítulos cada uma. Esta redação, porém, durou pouco tempo; em 3 de dezembro de 1963 apareceu uma outra, aprovada pelo Santo Padre em 17 de janeiro de 1964 e logo enviada aos Padres: 19 páginas, um proêmio e quatro capítulos. As observações enviadas a Roma foram consideradas, e surgiu assim uma nova redação intitulada "De activitate missionali Ecclesiae": uma introdução, treze proposições e uma brevíssima conclusão. Em julho de 1964, foi enviada aos Padres. As novas observações foram poucas mas muito a propósito. O esquema foi apresentado na aula conciliar em 6 de novembro de 1964 e manteve-se em discussão até ao dia 9, tendo havido 28 intervenções. Como fosse julgado demasiado genérico, o texto, por sugestão da própria Comissão, foi retirado da discussão para ser cuidadosamente retocado. Em maio de 1965, foi enviado mais uma vez aos Padres: um proêmio e cinco capítulos: princípios doutrinais, a ação missionária considerada em si mesma, os missionários, a organização da atividade missionária, a cooperação missionária. Foi este o texto apresentado ao Concílio em 8 de outubro de 1965. Intervieram 193 Padres. Consideradas as emendas propostas, o esquema voltou a ser discutido, desta vez enriquecido de um capítulo novo sobre as Igrejas particulares. A votação global teve lugar no dia 30 de novembro: 2162 placet; 18 non placet; 2 nulos. No dia 7 de dezembro, durante a 9ª sessão pública, depois de uma última votação: 2399 votantes; 2394 placet; 5 non placet — o Santo Padre promulgou solenemente o documento.

PROÊMIO

1. A Igreja, enviada por Deus a todas as gentes para ser "sacramento universal de salvação"[1], por íntima exigência da própria catolicidade, obedecendo a um mandato do seu fundador (cf. Mc 10,16), procura incansavelmente anunciar o Evangelho a todos os homens. Já os próprios Apóstolos em que a Igreja se alicerça, seguindo o exemplo de Cristo, "pregaram a palavra da verdade e geraram as Igrejas"[2]. Aos seus sucessores compete perpetuar esta obra, para que "a palavra de Deus se propague rapidamente e seja glorificada" (2Ts 3,1), e o reino de Deus seja pregado e estabelecido em toda a terra.

No estado atual da civilização, de que surgem novas condições para a humanidade, a Igreja, que é sal da terra e luz do mundo (cf. Mt 5,13-14), é com mais urgência chamada a salvar e a renovar toda a criatura, para que tudo seja instaurado em Cristo e nele os homens constituam uma só família e um só Povo de Deus.

---

[1] Const. dogm. *Lumen Gentium*, 48.

[2] Sto. Agostinho, *Enarr. in Ps.* 44,23: PL 508; Cchr. 38, 510.

Por isso, este sagrado Concílio, agradecendo a Deus a grandiosa obra já realizada pelo esforço generoso de toda a Igreja, deseja também delinear os princípios da atividade missionária e reunir todas as forças dos fiéis, para que o Povo de Deus, continuando a seguir pelo caminho estreito da cruz, difunda por toda parte o reino de Cristo, Senhor e perscrutador dos séculos (cf. Eclo 36,19), e prepare o caminho para a sua vinda.

CAPÍTULO I

PRINCÍPIOS DOUTRINAIS

O desígnio do Pai

2. A Igreja peregrina é, por sua natureza, missionária, visto que tem a sua origem, segundo o desígnio de Deus Pai, na "missão" do Filho e do Espírito Santo[3].

Este desígnio brota do "amor fontal", isto é, da caridade de Deus Pai, que, sendo o Princípio sem Princípio de quem é gerado o Filho e de quem procede o Espírito Santo pelo Filho, quis derramar e não cessa de derramar ainda a bondade divina, criando-nos livremente pela sua extraordinária e misericordiosa benignidade, e depois chamando-nos gratuitamente a partilhar da sua própria vida e glória. Quis ser, assim, não só criador de todas as coisas mas também "tudo em todos" (1Cor 15,28), conseguindo simultaneamente a sua glória e a nossa felicidade. Aprouve, porém, a Deus chamar os homens a esta participação na sua vida, não só de modo individual e sem qualquer solidariedade mútua, mas cons-

---

[3] Cf. Const. dogm. *Lumen Gentium*, 1.

tituindo-os num povo em que os seus filhos, que estavam dispersos, se congregassem em unidade (cf. Jo 11,52).

A missão do Filho

3. Este desígnio universal de Deus para a salvação do gênero humano realiza-se não somente de modo quase secreto na mente humana, ou por esforços, ainda que religiosos, pelos quais os homens de mil maneiras buscam a Deus para ver se conseguem chegar até ele ou encontrá-lo, embora ele não esteja longe de cada um de nós (cf. At 17,27); com efeito, estes esforços precisam ser iluminados e purificados, embora, por benigna determinação da providência de Deus, possam algumas vezes ser considerados como pedagogia ou preparação evangélica para o Deus verdadeiro[4]. Para estabelecer a paz ou a comunhão com ele e uma sociedade fraterna entre os ho-

---

[4] Cf. Sto. Irineu, *Adv. Haer.* III, 18,1: "O Verbo que existe junto de Deus, por quem foram feitas todas as coisas, e que sempre estava presente ao gênero humano...": PG 7, 932; id. IV, 6,7: "Com efeito, o Filho, presente desde a primeira hora à sua obra, a todos vai revelando o Pai, a quantos, quando e do modo que o Pai quer" (ibid. 990); cf. IV, 20, 6 e 7 (ibid. 1037); *Demonstratio* n. 34: *Patr. Or.*, XII, 773; *Sources Chrét.*, 62, Paris 1958, p. 87: S. Clemente de Alexandria, Protrept., 112, 1: GCS Clemens I, 79; Strom. VI, 6, 44, 1: GSC Clemens II, 453; 13, 106, 3 e 4 (ibid. 485). Para a mesma doutrina, cf. Pio XII: Radiomensagem de 31 dez. 1952; Const. dogm. *Lumen Gentium*, 16.

mens, apesar de pecadores, Deus determinou entrar de modo novo e definitivo na história dos homens, enviando o seu Filho na nossa carne para, por ele, arrancar os homens ao poder das trevas e de satanás (cf. Cl 1,13; At 10,38) e nele reconciliar o mundo consigo (cf. 2Cor 5,19). Constituiu, portanto, herdeiro de todas as coisas aquele por quem fizera tudo[5], para nele tudo restaurar (cf. Ef 1,10).

Cristo, de fato, foi enviado ao mundo como verdadeiro mediador entre Deus e os homens. Como é Deus, nele habita corporalmente toda a plenitude da divindade (Cl 2,9); e sendo o novo Adão pela sua natureza humana, é constituído cabeça da unidade renovada, cheio de graça e de verdade (Jo 1,14). Assim, o Filho de Deus, pelo caminho de uma verdadeira Encarnação, veio para fazer os homens participantes da sua natureza divina e, sendo rico, fez-se por nós necessitado para que nos tornássemos ricos da sua pobreza (2Cor 8,9). O Filho do Homem não veio para que o servissem, mas para ser ele a servir e para dar até a sua vida em redenção por muitos, isto é, por todos (cf. Mc 10,45). Os santos Padres constantemente proclamam nada ter sido remido que não tivesse sido primeiro assumido por Cristo[6]. Ora ele

---

[5] Cf. Hb 1,2; Jo 1,3.10; 1Cor 8,6; Cl 1,16.

[6] Cf. Sto. Atanásio, *Ep. ad Epictetum* 7: PG 26, 1060; S. Cirilo de Jerusalém, *Catech.* 4, 9; PG 33; 465; Mário Victorino, *Adv. Arium*, 3, 3: PL, 8, 1101; S. Basílio, *Epist.* 261, 2: PG 32, 969; S. Gregório Nazianzeno,

assumiu por inteiro a natureza humana tal qual ela existe em nós, pobres e miseráveis, rejeitando dela apenas o pecado (cf. Hb 4,15; 9,28). De si mesmo disse Cristo, a quem o Pai santificou e enviou ao mundo (cf. Jo 10,36): "O Espírito do Senhor está sobre mim; por isso me ungiu e me enviou a anunciar a boa nova aos pobres, a sarar os contritos de coração, a proclamar a libertação dos cativos e a restituir a vista aos cegos" (Lc 4,18). E outra vez: "Veio o Filho do Homem para buscar e salvar o que estava perdido" (Lc 19,10).

Aquilo que uma vez foi pregado pelo Senhor ou aquilo que nele se operou pela salvação do gênero humano, deve ser proclamado e espalhado até aos confins da terra (At 1,8), começando por Jerusalém (cf. Lc 24,47), de modo que tudo quanto foi feito uma vez por todas, pela salvação dos homens, alcance o seu efeito em todos, no decurso dos tempos.

Epíst. 101: PG 37, 181; S. Gregório Nisseno, *Antirrheticus; Adv. Apollin.* 17: PG 45, 1156; Sto. Ambrósio, *Epíst.* 48, 5; PL 16, 1153; Sto. Agostinho, *In Joan. Ev.* tratado XXIII, 6: PL 35, 1585; Cchr 36, 236; além disso, mostra deste modo como não foi o Espírito Santo que nos redimiu, visto que não se encarnou: *De Agone Christ.* 22, 24: PL 40, 302; S. Cirilo de Alexandria, *Adv. Nestor.* I, 1: PG 76, 20; S. Fulgêncio, *Epíst.* 17, 3, 5: PL 65, 454; *Ad Trasimundum* III, 21: PL 65, 284: da tristeza e do temor.

A missão do Espírito Santo

4. Para isso, precisamente, enviou Cristo o Espírito Santo desde o seio do Pai, para realizar no interior das almas a sua obra salvadora e impelir a Igreja à sua própria dilatação. Não há dúvidas de que o Espírito Santo já atuava no mundo antes de Cristo ser glorificado[7]. Contudo, foi no dia de Pentecostes, em que desceu sobre os discípulos para ficar para sempre com eles (cf. Jo 14,16), que a Igreja foi publicamente manifestada diante de uma grande multidão, que a difusão do Evangelho entre os gentios por meio da pregação teve o seu início, e que, finalmente, a união dos povos numa catolicidade de fé foi esboçada de antemão na Igreja da nova Aliança, a qual em todas as línguas fala e todas as línguas entende e abraça na sua caridade, superando assim a dispersão de Babel[8]. Pelo Pentecostes começaram "os atos dos Apóstolos",

---

[7]Foi o Espírito que falou pelos Profetas: Symbol. Constantinopol. Denz.-Schoenmetzer, 150; S. Leão Magno, *Sermo 76*: PL 54, 405-406: "Quando o Espírito Santo encheu os discípulos do Senhor no dia de Pentecostes, não foi então o começo da sua missão, mas um acréscimo de largueza: porque já os patriarcas, os profetas, os sacerdotes, e todos os santos que houve antigamente, foram robustecidos pela santificação do mesmo Espírito... embora não fosse a mesma a medida dos dons". Também Sermo 77, 1: PL 54, 412; Leão XIII, Encícl. *Divinum illud*: ASS (1897), 650-651. Também S. João Crisóstomo, ainda que insista na novidade da missão do Espírito Santo no dia de Pentecostes: In Eph. c. 4, Hom. 10, 1: PG 62, 75.

[8]De Babel e o Pentecostes falam muitas vezes os Santos Padres: Orígenes, *In Genesim*, c. 1: 12, 112; S. Gregório Nazianzeno, *Oratio* 41, 16: PG 36, 449; S. João Crisóstomo, *Hom. 2 in Pentec.* 2: PG 50, 467; In Act.

como pela descida do Espírito Santo sobre Maria fora concebido Cristo, e como pela descida do mesmo Espírito Santo sobre Cristo, quando orava, fora o Senhor impelido à obra do seu ministério[9]. O próprio Senhor Jesus, antes de dar livremente a sua vida pelo mundo, de tal maneira dispôs o ministério apostólico e de tal forma prometeu enviar o Espírito Santo, que a ambos associava na tarefa de levar a cabo sempre e em toda parte a obra da salvação[10]. O Espírito Santo é quem "unifica na comunhão e no ministério, e enriquece com diversos dons hierárquicos e carismáticos"[11] toda a Igreja através dos tempos, dando vida às instituições eclesiásticas[12], sendo como que a alma

---

Apost.: PG 60, 44; Sto. Agostinho, *Enn. in Ps.* 54, 11: PL 36, 636; *Cchr.* 39, 664 s.; *Sermo* 271: PL 38, 1245; S. Cirilo de Alexandria, *Glaphyra in Genesim* II: PG 69, 79; S. Gregório Magno, *Hom. in Evang.*, Lib. II, Hom. 30, 4: PL 76, 1222; S. Beda, *in Hexaem.*, Lib. III: PL 91, 125. Veja-se também a imagem que existe no átrio da Basílica de S. Marcos de Veneza. A Igreja fala todas as línguas, e assim a todos acolhe na catolicidade da fé: Sto. Agostinho, *Sermones* 266, 267, 268, 269: PL 38, 1225-1237; *Sermo* 175, 3: PG 38, 946; S. João Crisóstomo, *In Epíst. I ad Cor.*, *Homil.* 35: PG 61, 296; S. Cirilo de Alexandria, *Fragm. in Act.*: PG 74, 758; S. Fulgêncio, *Sermo* 8, 2-3; PL 65, 743-744. Acerca do Pentecostes como consagração dos Apóstolos para a missão, cf. J. A. Cramer, *Catena in Acta SS. Apostolorum*, Oxford, 1838, p. 24s.

[9] Cf. Lc 3,22; 4,1; At 10,38.

[10] Cf. Jo c. 14-17; Paulo VI, Alocução proferida no Concílio no dia 14 de setembro de 1964: AAS (1964), 807.

[11] Cf. Const. dogm. *Lumen Gentium*, 4.

[12] Sto. Agostinho, *Sermo* 267, 4: PL 38, 1231: "O Espírito Santo faz em toda a Igreja o que a alma faz em todos os membros de um mesmo corpo". Cf. Const. dogm. *Lumen Gentium*, 7 (com a nota 8).

delas, e instilando nos corações dos fiéis aquele mesmo espírito de missão que animava o próprio Cristo. Por vezes precede visivelmente a ação apostólica[13], como também incessantemente a acompanha e dirige de vários modos[14].

A Igreja enviada por Cristo

5. O Senhor Jesus, logo desde o princípio "chamou a si alguns a quem ele quis, e escolheu doze para andarem com ele e os mandar em pregação" (Mc 3,13; cf. Mt 10,1-42). Os Apóstolos foram assim a semente do novo Israel e ao mesmo tempo a origem da sagrada Hierarquia. Depois, realizados já definitivamente em si, pela sua morte e ressurreição, os mistérios da nossa salvação e da renovação do universo, o Senhor, com todo o poder que adquiriu no céu e na terra (cf. Mt 28,18), antes de subir ao céu (cf. At 1,11) fundou a sua Igreja como sacramento de salvação e enviou os seus Apóstolos a todo o mundo tal qual ele também tinha sido enviado pelo Pai (cf. Jo 20,21), dando-lhes este mandamento: "Ide, pois, fazer discípulos de todas as nações, batizando-os em nome do Pai, e do Filho e do Espírito Santo,

---

[13] Cf. At 10,44-47; 11,15; 15,8.

[14] Cf. At 4,8; 5,32; 8,26.39; 9,31; 10; 11,24; 28; 13,2.4.9; 16,6-7; 20,22-23; 21,11, etc.

ensinando-os a cumprir tudo quanto vos prescrevi" (Mt 28,19ss). "Ide por todo o mundo, proclamai a Boa Nova a toda criatura. Quem acreditar e for batizado, será salvo; mas quem não acreditar, será condenado" (Mc 16,15ss). Daí vem à Igreja o dever de propagar a fé e a salvação de Cristo, quer em virtude do expresso mandamento que dos Apóstolos herdou a ordem dos Bispos ajudada por presbíteros em união com o sucessor de Pedro e sumo pastor da Igreja, quer em virtude da vitalidade comunicada aos seus membros por Cristo; "de quem o corpo todo inteiro recebe concórdia e coesão por toda espécie de junturas, alimentado e acionado segundo a atividade correspondente a cada membro, operando assim o seu crescimento e construindo-se a si mesmo, na caridade" (Ef 4,16).

A missão da Igreja realiza-se, pois, mediante a operação pela qual, em obediência ao mandamento de Cristo e aos impulsos da graça e da caridade do Espírito Santo, ela se torna atual e plenamente presente a todos os homens ou povos para os conduzir à fé, liberdade e paz de Cristo, não só pelo exemplo de vida e pela pregação, mas também pelos sacramentos e pelos restantes meios da graça, de tal forma que lhes fique bem aberto caminho livre e seguro para participarem plenamente no mistério de Cristo.

Continuando esta missão e explicitando através da história a missão do próprio Cristo, que foi enviado a evangelizar os pobres, a Igreja, movida pelo Espírito Santo, deve seguir o mesmo caminho de Cristo: o caminho da pobreza, da obediência, do serviço e da imolação própria até à morte, morte de que ele saiu vencedor pela sua ressurreição. Foi assim também que todos os Apóstolos caminharam na esperança completando com muitas tribulações e fadigas o que faltava aos trabalhos de Cristo pelo seu corpo que é a Igreja (cf. Cl 1,24). Muitas vezes, mesmo, a semente foi o sangue dos cristãos[15].

A atividade missionária

6. Esta tarefa que deve ser levada a cabo pela ordem dos Bispos presidida pelo sucessor de Pedro e com a oração e a cooperação de toda a Igreja, é uma e a mesma em toda parte, sejam quais forem os condicionalismos, embora difira quanto ao exercício conforme as circunstâncias. Mas as diferenças que nesta atividade da Igreja se têm de reconhecer, não se originam na íntima natureza da "missão", mas nos condicionalismos em que essa "missão" se exerce.

Esses condicionalismos tanto podem depender da Igreja como dos povos, dos agrupamentos ou até dos indivíduos a quem a "missão" se dirige. A Igre-

---

[15] Tertuliano, *Apologeticum*, 50, 13: PL 1, 534; *Cchr.* I, 171.

ja, de fato, embora de si possua a totalidade ou a plenitude dos meios de salvação, nem sempre nem imediatamente atua ou pode atuar com todos eles, mas vai por tentativas e por passos na sua ação e no seu esforço de levar a efeito os desígnios de Deus. Às vezes até, depois de um avanço, felizmente alcançado, vê-se infelizmente obrigada a deplorar de novo uma regressão, ou, pelo menos, a demorar-se num certo estádio de meia vitalidade e insuficiência. Quanto aos indivíduos, agrupamentos e povos, a esses só gradualmente os atinge e os penetra, e só assim os traz à plenitude católica. A cada condicionalismo e cada estádio deve corresponder um agir apropriado, bem como apropriados instrumentos.

Às iniciativas particulares com que os pregoeiros do Evangelho, que vão pelo mundo inteiro enviados pela Igreja, executam o encargo de pregar o Evangelho e de implantar essa mesma Igreja entre os povos ou grupos que ainda não crêem em Cristo, dá-se geralmente o nome de "missões". Essas "missões" são levadas a efeito pela atividade missionária e exercem-se ordinariamente em certos territórios determinados pela Santa Sé. O fim próprio dessa atividade missionária é a evangelização e a implantação da Igreja nos povos ou grupos em que ainda não está radicada[16]. Assim, a partir da semente da

---

[16] Já santo Tomás de Aquino fala da função apostólica de implantar a Igreja: cf. Sent. Lib. I, dist. 16, q. 1, a. 2 ad 2 e ad 4; a. 3 sol., *Summa Theol.* I,

palavra de Deus, é necessário que se desenvolvam por toda parte Igrejas autóctones particulares, dotadas de forças próprias e maturidade, com hierarquia própria unida ao povo fiel, suficientemente dotadas de meios proporcionados a uma vida cristã plena, contribuindo para o bem da Igreja universal. O meio principal desta implantação é a pregação do Evangelho de Jesus Cristo. Para o anunciar, enviou o Senhor pelo mundo inteiro os seus discípulos, a fim de que os homens, uma vez renascidos pela palavra de Deus (cf. 1Pd 1,23), fossem agregados pelo batismo à Igreja, a qual como corpo do Verbo encarnado se nutre e vive da palavra de Deus e do pão eucarístico (cf. At 2,43).

Nesta atividade missionária da Igreja dão-se, por vezes, simultaneamente, estádios diversos: o de começo ou implantação, primeiro, e o de crescimento ou juventude, depois. Ultrapassados eles, não aca-

---

q. 43, a. 7 ad 6; I-II, q. 106, a. 4 ad 4. Cf. Bento XV, *Maximum illud*, 30 nov. 1919: AAS (1919), 445 e 453; Pio XI, *Rerum Ecclesiae*, 28 fev. 1926: AAS (1926), 74; Pio XII, 30 abr. 1939 aos Diretores das OO. MM. PP.; Id. 24 jun. 1944 aos Diretores da OO. MM. PP.: AAS (1944), 210; de novo em AAS 1950, 727; 1951, 508; Id. 29 jun. 1948 ao clero indígena: AAS 1948, 374; Id. *Evangelii Praecones*, 2 jun. 1951: AAS 1951, 507; Id. *Fidei Donum*, 15 jan. 1957, 236; João XXIII, *Princeps Pastorum*, 28 nov. 1959: AAS 1959, 835; Paulo VI, Hom. 18 out. 1964: AAS (1964), 911. Tanto os Sumos Pontífices como os Santos Padres e os Escolásticos falam muitas vezes da **dilatação** da Igreja; santo Tomás de Aquino, Comm. in Math. 16, 28; Leão XIII, Encícl. *Sancta Dei Civitas:* AAS (1880), 241; Bento XV, Encícl. *Maximum illud:* AAS (1919), 442; Pio XI, Encícl. *Rerum Ecclesiae:* AAS (1926), 65.

ba, contudo, a ação missionária da Igreja, embora seja sobre as Igrejas particulares já constituídas que recai o dever de continuar pregando o Evangelho a todos aqueles que ainda tenham ficado de fora.

É preciso considerar também que as comunidades em que a Igreja vive, não raras vezes e por variadas causas mudam radicalmente, de maneira a poderem daí advir condições de todo novas. Então, deve a Igreja ponderar se tais condicionalismos não exigem de novo a sua atividade missionária. Mais: por vezes, as circunstâncias são tais que não há possibilidades, por um tempo, de propor direta e imediatamente a mensagem evangélica: então é evidente que podem os missionários e até devem dar ao menos o testemunho da caridade e da beneficência de Cristo, pacientemente, com prudência e ao mesmo tempo grande confiança. Assim, não só prepararão caminhos ao Senhor mas até o tornarão já de alguma maneira presente.

É bom considerar, pois, como a atividade missionária dimana intimamente da própria natureza da Igreja, cuja fé salvífica propaga, cuja unidade católica dilatando aperfeiçoa, em cuja apostolicidade se apóia, de cuja hierarquia exerce o sentido colegial, cuja santidade testemunha, difunde e promove. Pode-se ver também que a atividade missionária entre gentios difere tanto da atividade pastoral que se exerce com os fiéis, como das iniciativas pela reunificação dos cristãos. Contudo, ambas estas atividades andam estreitamente ligadas à atividade missionária da Igreja[17]: pois a divisão dos cristãos prejudica a santíssima causa de pregar o Evangelho a toda criatura[18], e fecha a muitos o acesso à fé. Por isso, por uma necessidade missionária, todos os batizados são chamados a unir-se num rebanho para assim poderem dar um testemunho unânime de Cristo, seu Senhor, perante os gentios. Mas se ainda não podem, de completo acordo, dar testemunho de uma só fé, é preciso que ao menos estejam animados de mútua estima e caridade.

Motivos e necessidade da ação missionária

7. A razão dessa atividade missionária vem da vontade de Deus, que "quer que todos os homens sejam salvos e cheguem ao pleno conhecimento da verdade. Pois há um Deus, e um só que é mediador

---

[17] Nesta noção de atividade missionária, como se vê, incluem-se também, quanto à substância, aquelas regiões da América Latina, nas quais nem Hierarquia própria, nem maturidade da vida cristã, nem uma pregação suficiente do Evangelho se dão ainda. Se, porém, esses territórios são de fato tidos pela Santa Sé como missionários, não depende do Concílio. É por isso que, a propósito da conexão entre a noção de atividade missionária e certos territórios, se diz muito intencionalmente que esta atividade se exerce "geralmente" (*plerumque*) em certos territórios como tais reconhecidos pela Santa Sé.

[18] Decreto *Unitatis redintegratio*, 1.

de Deus e dos homens, o homem Cristo Jesus, que se deu a si mesmo como preço de resgate por todos" (2Tm 2,4-5), "e não há salvação em nenhum outro". Portanto, é preciso que todos se convertam a Cristo conhecido pela pregação da Igreja e que sejam incorporados, pelo batismo, a ele e à Igreja, seu corpo. O próprio Cristo, aliás, ao "inculcar por palavras expressas a necessidade da fé e do batismo (cf. Mc 16,16; Jo 3,5), confirmou também, por isso mesmo, a necessidade da Igreja, na qual os homens entram pelo batismo, que é como que a porta de entrada. Por isso, não se poderiam salvar aqueles que, não ignorando que Deus fundou por intermédio de Jesus Cristo a Igreja católica como necessária, não quisessem, apesar disso, entrar nela ou nela perseverar"[19]. Por isso também, embora Deus, por caminhos que só ele sabe, possa conduzir à fé, sem a qual é impossível ser-se-lhe agradável (Hb 11,7), os homens que ignoram o Evangelho sem culpa sua, incumbem à Igreja, apesar de tudo, a obrigação e o sagrado direito de evangelizar (2Cor 9,16). Daí vem que a atividade missionária conserve ainda hoje e haja de conservar sempre toda a sua força e a sua necessidade.

Por ela incessantemente vai cobrando e organizando as forças para seu crescimento o corpo místico de Cristo (cf. Ef 4,11-16). Ao exercício dessa

---

[19] Cf. Const. dogm. *Lumen Gentium*, 14.

atividade são impelidos sem cessar os membros da Igreja, pela caridade com que amam a Deus e com que desejam comunicar a todos os homens os bens espirituais tanto da vida presente como da futura.

Finalmente, por essa atividade missionária é Deus plenamente glorificado enquanto os homens por ela recebem, plena e conscientemente, a obra de salvação que ele em Cristo levou a cabo. E assim se realizam por ela os desígnios de Deus, aos quais Cristo serviu com obediência e amor para glória do Pai que o enviou[20], e para que todo o gênero humano forme um só Povo de Deus, se una num só corpo de Cristo, e se edifique num só templo do Espírito Santo: o que, ao restabelecer a concórdia fraterna, vem precisamente ao encontro das aspirações mais íntimas de todos os homens. Finalmente, quando todos os que participam da natureza humana, uma vez regenerados em Cristo pelo Espírito Santo e já na visão unânime da glória de Deus Pai, puderem dizer: "Pai nosso"[21], então se há de realizar deveras o intento do Criador ao fazer o homem à sua imagem e semelhança.

---

[20] Cf. Jo 7,18; 8,30.44; 8,50; 17,1.

[21] Acerca desta idéia sintética, ver a doutrina de santo Irineu sobre a Recapitulação. Cf. também Hipólito, *De Antichristo*, 3: "Querendo a todos e desejando salvar a todos, querendo fazê-los um só homem perfeito..." PG 10, 732; GCS Hippolyt I, 2 p. 6; *Benedictiones Jacob*, 7: T. U., 38-1 p. 18, linha 4ss; Orígenes, *In Joann*. Tom. I, n. 16: "Então, sim, a única ocupação daqueles que chegarem até Deus será a de conhecer Deus,

A ação missionária na vida e na história humana

8. Também com a própria natureza humana e suas aspirações tem íntima conexão a atividade missionária. Com efeito, ao dar a conhecer Cristo, a Igreja revela, por isso mesmo, aos homens a genuína verdade da sua condição e da sua integral vocação, pois Cristo é o princípio e o modelo da humanidade renovada e imbuída de fraterno amor, sinceridade e espírito de paz, à qual todos aspiram.

Cristo e a Igreja que dele dá testemunho pela pregação evangélica, transcendem todos os particularismos de estirpe ou de nação e, por isso, não podem ser considerados estranhos a ninguém e em nenhuma parte[22]. O próprio Cristo é aquela verdade e

---

presididos por aquele Verbo que está junto de Deus; para que assim todos os filhos sejam cuidadosamente formados no conhecimento do Pai, como o Filho que agora é o único que conhece o Pai": PG 14, 49; GCS Orig. IV, 20; Sto. Agostinho, *De Sermone Domini in monte*, I, 41: "Estimemos tudo aquilo que pode ser conduzido conosco àquele reino, onde ninguém diz: meu Pai, mas todos dizem a um só Deus: Pai nosso": PL 34, 1250; S. Cirilo de Alexandria, *In Joann.* I: "Todos estamos em Cristo e nele revive a natureza comum da humanidade. Pois, por isso mesmo, foi chamado o novo Adão... Com efeito, habitou entre nós aquele que por natureza é o Filho de Deus; por isso, no seu Espírito podemos chamar: Abba, Pai! Habita, de fato, o Verbo entre nós num templo único, que precisamente quis construir para si de algo nosso e por causa de nós, para que tendo-nos a todos em si mesmo, num só corpo, nos reconciliasse a todos com o Pai, como diz Paulo: PG 73, 161-164.

[22] Cf. João XXIII, encícl. *Mater et Magistra*: "por direito divino, pertence a todas as nações... A Igreja, uma vez que inseriu a sua força como que nas veias de algum povo, já não é nem se julga como uma instituição qual-

aquele caminho que a pregação evangélica a todos abre ao levar aos ouvidos de todos as palavras que ele mesmo disse: "Arrependei-vos e crede no Evangelho" (Mc 1,15). Porém, como quem não crê já está julgado (cf. Jo 3,18), as palavras de Cristo são, ao mesmo tempo palavras de juízo e de graça, de morte e de vida. É que só infligindo a morte ao que é velho podemos ter acesso à novidade de vida: e isto que vale, em primeiro lugar para as pessoas, vale também para os diversos bens deste mundo que estão marcados tanto pelo pecado do homem como pela bênção de Deus: "porque todos pecaram e sentem a necessidade da glória de Deus" (Rm 3,23). Por si mesmo e pelas próprias forças não há ninguém que se liberte do pecado e se eleve acima de si mesmo, ninguém absolutamente que se liberte a si mesmo da sua enfermidade, da sua solidão ou da sua escravidão[23], mas todos precisam de Cristo como modelo, mestre, libertador, salvador, vivificador. De fato, na história humana, mesmo do ponto de vista temporal, o Evangelho foi um fermento de liberdade e de progresso e apresenta-se sempre como fermento de fra-

---

quer, imposta de fora a esse povo... E, por isso, tudo aquilo que lhes parece bom e honesto, apóiam-no e completam-no" (subentenda-se: aqueles que renasceram em Cristo): AAS 1961, 444.

[23] Cf. Sto. Irineu, *Adv. Haer.* III, 15, n. 3: PG 7, 919: "Foram pregadores da verdade e apóstolos da liberdade".

ternidade, de unidade e de paz. Não é sem razão, por isso, que Cristo é celebrado pelos fiéis como "o esperado das nações e o seu salvador"[24].

Caráter escatológico da ação missionária

9. A atividade missionária desenrola-se entre o primeiro advento do Senhor e o segundo no qual a Igreja há de ser reunida dos quatro ventos como uma colheita, no reino de Deus[25]. Mas antes de o Senhor vir, tem de ser pregado o Evangelho a todos os povos (cf. Mc 13,10).

A atividade missionária não é outra coisa, nem mais nem menos, que a manifestação ou epifania dos desígnios de Deus e a sua realização no mundo e na sua história, na qual Deus, pela missão, manifestamente vai tecendo a história da salvação. Pela palavra da pregação e pela celebração dos sacramentos de que a eucaristia é o centro e a máxima expressão, torna presente a Cristo, autor da salvação. Por outro lado, tudo o que de verdade e de graça se encontrava já entre os gentios como uma secreta presença de Deus, expurga-o de contaminações malignas e restitui-o ao seu autor, Cristo, que destrói o império do

---

[24] Ant. *Ó* do dia 23 de dez.

[25] Cf. Mt 24,31; *Didaché* 10,5; *Funk*, I, p. 32.

demônio e elimina toda a malícia dos pecados. O que de bom há no coração e no espírito dos homens ou nos ritos e culturas próprios dos povos, não só não se perde, mas é purificado, elevado e consumado para glória de Deus, confusão do demônio e felicidade do homem[26]. A atividade missionária tende assim para a plenitude escatológica[27]: por ela, com efeito, se estende, segundo as dimensões os tempos que o Pai fixou com o seu próprio poder (cf. At 1,7), o Povo de Deus a quem foi dito profeticamente: "Dilata o acampamento das tuas tendas e estende as telas das tuas barracas! Não te acanhes" (Is 54,2)[28]; por ela cresce o corpo místico até constituir esse homem perfeito, na força da idade, que realiza a plenitude de Cristo (Ef 4,13); por ela se levanta e se vai edificando sobre os alicerces dos Apóstolos e dos profetas e com o próprio Cristo Jesus por pedra angular (Ef 2,20), o templo espiritual onde Deus é adorado em espírito e verdade (cf. Jo 4,23).

---

[26] Vat. II Const. dogm. *Lumen Gentium*, 17. Sto. Agostinho, *De Civitate Dei*, 19, 17: PL 41, 646; Instr. da S. Congregação "de Propaganda Fide": Collectanea I, n. 135, p. 42.

[27] Segundo Orígenes, o Evangelho deve ser pregado antes da consumação deste mundo: *Hom. in Lc*. XXI: GCS, Orig. IX, 136, 21 ss; *In Matth. comm. ser*. 39; XI, 75, 25ss; 76, 4ss; *Hom. in Ierem*. III, 2. VIII, 308, 29ss; Sto. Tomás, *Summa Theol*. I-II, q. 106, a. 4, ad 4.

[28] Hilário de Poitiers, *In Ps. 14*: PL 9, 301; Eusébio de Cesaréia, *In Isaiam 54*, 2-3: PG 24, 462-463; Cirilo de Alexandria, *In Isaiam V*, cap. 54,1-3: PG 70, 1193.

CAPÍTULO II

A OBRA MISSIONÁRIA

Introdução

10. Enviada por Cristo a manifestar e a comunicar a todos os homens e povos a caridade de Deus, a Igreja reconhece que tem de levar a cabo uma ingente obra missionária. É que, na verdade, dois bilhões de homens, número que cresce de dia para dia, em grandes e determinados agrupamentos, unidos por laços estáveis de vida cultural, por antigas tradições religiosas, por estreitos vínculos de relações sociais, ou ainda não receberam a mensagem do Evangelho, ou mal ouviram falar dela; dentre eles, uns seguem alguma das grandes religiões, outros permanecem estranhos ao conhecimento de Deus, outros negam expressamente a sua existência, ou até mesmo a atacam. A fim de poder oferecer a todos o mistério de salvação e a vida trazida por Deus, a Igreja deve inserir-se em todos esses agrupamentos impelida pelo mesmo movimento que levou o próprio Cristo, na encarnação, a sujeitar-se às condições sociais e culturais dos homens com quem conviveu.

Art. 1 — O testemunho cristão

O testemunho da vida e o diálogo

11. A Igreja tem de estar presente a estes agrupamentos humanos por meio dos seus filhos que entre eles vivem ou a eles são enviados. Com efeito, todos os fiéis cristãos, onde quer que vivam, têm obrigação de manifestar, pelo exemplo da vida e pelo testemunho da palavra, o homem novo de que se revestiram pelo batismo, e a virtude do Espírito Santo por quem na confirmação foram robustecidos, de tal modo que os demais homens, ao verem as suas obras, glorifiquem o Pai (cf. Mt 5,16) e compreendam mais plenamente o sentido genuíno da vida humana e o vínculo universal da comunidade humana.

Para poderem dar frutuosamente este testemunho de Cristo, unam-se a esses homens com estima e caridade, considerem-se a si mesmos como membros dos agrupamentos humanos em que vivem, e participem na vida cultural e social através dos vários intercâmbios e problemas da vida humana; familiarizem-se com as suas tradições nacionais e religiosas; façam assomar à luz, com alegria e respeito, as sementes do Verbo neles adormecidas; mas atendam, ao mesmo tempo, à transformação profunda que se opera entre os povos e trabalhem por que os homens do nosso tempo não dêem tanta importância à ciência e tecnologia do mundo moderno que se alheiem das coisas divinas, mas, antes pelo contrário, despertem para um desejo mais profundo da verdade e da caridade reveladas por Deus. Assim como o próprio Cristo perscrutou o coração dos homens e por meio da sua conversação verdadeiramente humana os conduziu à luz divina, assim os seus discípulos, profundamente imbuídos do Espírito de Cristo, tomem conhecimento dos homens no meio dos quais vivem, e conversem com eles, para que, através de um diálogo sincero e paciente, eles aprendam as riquezas que Deus liberalmente outorgou aos povos; mas esforcem-se também por iluminar estas riquezas com a luz evangélica, por libertá-las e restituí-las ao domínio de Deus Salvador.

A presença da caridade

12. A presença dos cristãos nos agrupamentos humanos seja animada daquela caridade com que Deus nos amou, e com a qual quer que também nós nos amemos uns aos outros (cf. 1Jo 4,11). Efetivamente, a caridade cristã a todos se estende sem discriminação de raça, condição social ou religião; não espera qualquer lucro ou gratificação. Portanto, assim como Deus nos amou com um amor gratuito, assim também os fiéis, pela sua caridade, sejam solí-

citos pelos homens amando-os com o mesmo zelo com que Deus veio procurá-los. E assim como Cristo percorria todas as cidades e aldeias, curando todas as doenças e todas as enfermidades, proclamando o advento do reino de Deus (cf. Mt 9,35ss; At 10,38), do mesmo modo a Igreja, por meio dos seus filhos estabelece relações com os homens de qualquer condição, de modo especial com os pobres e aflitos, e de bom grado por eles gasta as forças (cf. 2Cor 12,15). Participa nas suas alegrias e dores, conhece as suas aspirações e os problemas da sua vida e sofre com eles nas ansiedades da morte. Àqueles que buscam a paz deseja responder com diálogo fraterno, trazendo-lhes a paz e a luz do Evangelho.

Os fiéis trabalhem e colaborem com todos os outros na reta ordenação dos problemas econômicos e sociais. Dediquem-se, com cuidado especial, à educação das crianças e da juventude por meio das várias espécies de escolas, as quais hão de ser consideradas não só como meio exímio de formação e promoção da juventude cristã, mas também, simultaneamente, como serviço da maior importância para os homens, e em particular para as nações em vias de desenvolvimento, a fim de elevar a dignidade do homem e preparar condições de vida mais humanas. Além disso, tomem parte nos esforços dos povos que debelando a fome, a ignorância e a doença, se afadigam por melhorar as condições de vida e por assegurar a paz no mundo. Nesta atividade prestem os fiéis com prudência, a sua colaboração efetiva às iniciativas movidas pelas instituições particulares e públicas, pelos governos, pelos organismos internacionais, pelas diversas comunidades cristãs e religiões não-cristãs.

A Igreja, porém, não quer, de maneira nenhuma, imiscuir-se no governo da cidade terrena. Nenhuma outra autoridade reclama para si senão a de, com a ajuda de Deus, estar ao serviço dos homens pela caridade e pela doação fiel (cf. Mt 10,26; 23,11)[29].

Intimamente unidos com os homens na vida e no trabalho, os discípulos de Cristo esperam oferecer-lhes o verdadeiro testemunho de Cristo e trabalhar pela salvação deles, mesmo quando não podem anunciar plenamente a Cristo. Porque não procuram o progresso e a prosperidade material dos homens, mas promovem a sua dignidade e fraterna união, ensinando as verdades reveladas e morais, que Cristo ensinou com a sua luz. Deste modo, vão abrindo pouco a pouco o acesso mais pleno a Deus. Assim os homens são auxiliados na aquisição da salvação pela caridade para com Deus e para com o próximo, e começa a brilhar o mistério de Cristo, no qual apareceu o homem novo que foi criado segundo Deus, (cf. Ef 4,24), e no qual se revela a caridade divina.

---

[29] Cf. Alocução de Paulo VI, no dia 21 nov. 1964, na aula conciliar: AAS (1964), 1013.

ART. 2 — A PREGAÇÃO DO EVANGELHO E A REUNIÃO DO POVO DE DEUS

A evangelização e a conversão

13. Sempre que Deus abre a porta da palavra para anunciar o mistério de Cristo (cf. Cl 4,3) a todos os homens (cf. Mc 16,15), com confiança e constância (cf. At 4,13,29,31, 9,27-28; 13,46; 14,3; 19,8; 26,26; 28,31; 1Ts 2,2; 2Cor 3,12; 7,4; Fl 1,20; Ef 3,12; 6,19,20) seja anunciado (cf. 1Cor 9,15; Rm 10,14) o Deus vivo, e aquele que ele enviou para a salvação de todos, Jesus Cristo (cf. 1Ts 1,9-10; 1Cor 1,18-21; Gl 1,31; At 14,15-17; 17,22-31), para que os não-cristãos, sob a inspiração interior do Espírito Santo (cf. At 16,14), se convertam livremente à fé no Senhor, e adiram sinceramente àquele que, sendo "caminho, verdade e vida" (Jo 14,6), cumula todas as suas esperanças espirituais, superando-as infinitamente.

Esta conversão há de considerar-se como inicial, mas suficiente para o homem cair na conta de que, arrancado ao pecado, é introduzido no mistério do amor de Deus, que o chama a entabular relações pessoais consigo em Cristo. Pois, sob a ação da graça de Deus, o neoconvertido inicia o caminho espiritual pelo qual, comungando já pela fé no mistério da morte e ressurreição, passa do homem velho ao homem novo que tem em Cristo a sua perfeita realização (cf. Cl 3,5-10; Ef 4,20-24). Esta passagem, que traz consigo uma renovação progressiva de mentalidade e de costumes, deve manifestar-se e desenvolver-se, com as suas conseqüências sociais, durante o tempo do catecumenato. Porque o Senhor em que acreditamos é sinal de contradição (cf. Lc 2,34; Mt 10,34-39), o homem convertido experimenta freqüentemente rupturas e separações, mas também alegrias que Deus concede sem medida (cf. 1Ts 1,6). A Igreja proíbe severamente obrigar quem quer que seja a abraçar a fé, ou induzi-lo e atraí-lo com práticas indiscretas, do mesmo modo que reclama com vigor o direito de ninguém ser afastado da fé por meio de vexações iníquas[30].

Em conformidade com o antiquíssimo costume da Igreja, investiguem-se os motivos da conversão e, se for necessário, purifiquem-se.

O catecumenato e a iniciação cristã

14. Aqueles que receberam de Deus por meio da Igreja a fé em Cristo[31], sejam admitidos ao catecumenato, mediante a celebração de cerimônias li-

---

[30] Cf. Declaração *De Libertate religiosa*, 2, 4, 10; Const. *De Ecclesia in mundo huius temporis*.

[31] Cf. Const. dogm. *Lumen Gentium*, 17.

túrgicas; o catecumenato não é mera exposição de dogmas e preceitos, mas uma formação de toda a vida cristã e uma aprendizagem efetuada de modo conveniente, por cujo meio os discípulos se unem com Cristo seu mestre. Por conseguinte, sejam os catecúmenos convenientemente iniciados no mistério da salvação, na prática dos costumes evangélicos e com ritos sagrados, a celebrar em tempos sucessivos[32], sejam introduzidos na vida da fé, da liturgia e da caridade do Povo de Deus.

Em seguida, libertos do poder das trevas pelos sacramentos da iniciação cristã (cf. Cl 1,13)[33], mortos com Cristo e com ele sepultados e ressuscitados (cf. Rm 6,4-11; Cl 2,12-13; 1Pd 3,21-22; Mc 16,16), recebem o Espírito (cf. 1Ts 3,5-7; At 8,14-17) de adoção de filhos e celebram com todo o Povo de Deus o memorial da morte e ressurreição do Senhor.

É de se desejar que a liturgia do tempo quaresmal e pascal seja reformada de maneira a preparar os corações dos catecúmenos para a celebração do mistério pascal, durante cujas solenidades eles são regenerados para Cristo pelo batismo.

Esta iniciação cristã realizada no catecumenato deve ser obra não apenas dos catequistas, mas de

---

[32] Cf. Const. *De sacra liturgia*, 64-65.

[33] Desta libertação da escravidão do demônio e das trevas, cf. Mt 12,28; Jo 8,44; 12,31 (cf. 1Jo 3,8; Ef 2,1-2). Cf. no Ritual romano o rito batismal.

toda a comunidade dos fiéis, especialmente dos padrinhos, de forma que desde o começo os catecúmenos sintam que pertencem ao Povo de Deus. Visto que a vida da Igreja é apostólica, os catecúmenos devem igualmente aprender a cooperar ativamente, pelo testemunho da sua vida e a inspiração da sua fé, na evangelização e na construção da Igreja.

Enfim, o estado jurídico dos catecúmenos deve ser fixado claramente no novo Código. Pois eles estão já unidos à Igreja[34], já são da casa de Cristo[35], e, não raro, eles levam já uma vida de fé, de esperança e de caridade.

ART. 3 — A FORMAÇÃO
DA COMUNIDADE CRISTÃ

Formação da comunidade cristã

15. O Espírito Santo, que chama todos os homens a Cristo pelas sementes do Verbo e pela pregação do Evangelho e produz nos corações a submissão da fé, quando gera no seio da fonte batismal para uma nova vida os que crêem em Cristo, reúne-os

---

[34] Cf. Const. dogm. *Lumen Gentium*, 14.

[35] Cf. Sto. Agostinho, *Tract. in Joann.* 11,4: PL 35, 1476.

num só Povo de Deus que é "raça escolhida, sacerdócio real, nação santa, povo adquirido" (1Pd 2,9)[36].

Portanto, os missionários, colaboradores de Deus (cf. 1Cor 3,9), devem fazer nascer assembléias de fiéis que, levando uma vida digna da vocação que receberam (cf. Ef 4,1), sejam tais que possam exercer as funções a elas confiadas por Deus: sacerdotal, profética, real. É deste modo que uma comunidade cristã se torna sinal da presença de Deus no mundo: pelo sacrifício eucarístico, com efeito, passa incessantemente ao Pai com Cristo[37], alimentada cuidadosamente pela palavra de Deus[38], dá testemunho de Cristo[39], caminha, enfim, na caridade e arde em espírito apostólico[40].

Uma comunidade cristã deve ser constituída desde o começo de tal maneira que possa, na medida do possível, prover por si mesma às suas necessidades.

Esta assembléia dos fiéis, dotada das riquezas culturais da sua própria nação, deve estar profundamente enraizada no povo: devem desabrochar as famílias penetradas do espírito evangélico[41] e ajudadas

---

[36] Cf. Const. dogm. *Lumen Gentium*, 9.

[37] Cf. Const. dogm. *Lumen Gentium*, 10, 11, 34.

[38] Cf. Const. dogm. *De divina Revelatione*, 21.

[39] Cf. Const. dogm. *Lumen Gentium*, 12, 35.

[40] Cf. Ibid., 23, 36.

[41] Cf. Ibid., 11, 35, 41.

por escolas idôneas; devem-se organizar associações e agrupamentos por meio dos quais o apostolado dos leigos possa penetrar do espírito evangélico toda a sociedade. A caridade deve brilhar, enfim, entre os católicos de rito diferente[42].

Deve também nutrir-se entre os neófitos o espírito ecumênico, pensando justamente que os irmãos que crêem em Cristo são discípulos de Cristo, regenerados pelo batismo, participantes de numerosos bens do Povo de Deus. Quanto o permitirem as situações religiosas, deve-se promover a ação ecumênica, de sorte que, banindo toda a aparência do indiferentismo, de confucionismo e odiosa rivalidade, os católicos colaborem com os irmãos separados, em conformidade com as disposições do decreto sobre o Ecumenismo, por meio da comum profissão de fé em Deus e em Jesus Cristo diante dos povos, na medida do possível, e pela cooperação em questões sociais e técnicas, culturais e religiosas. Colaborem, sobretudo, por causa de Cristo, seu Senhor comum: que o seu nome os una! Esta colaboração deve ser estabelecida não somente entre os indivíduos, mas também, a juízo do Ordinário do lugar, entre Igrejas ou comunidades eclesiais e as suas obras.

Os cristãos, provenientes de todos os povos e reunidos na Igreja, "não se distinguem dos outros

---

[42] Cf. Decreto *De Ecclesiis orientalibus*, 30.

homens nem pelo país, nem pela língua, nem pela organização política"[43], devem, por isso, viver para Deus e para Cristo segundo os usos de seu próprio país, cultivem verdadeira e eficazmente, como bons cidadãos, o amor da pátria, mas evitem absolutamente o desprezo pelas raças estrangeiras, o nacionalismo exacerbado, e promovam o amor universal dos homens.

Para conseguir esses resultados, têm grandíssima importância e são dignos de um interesse particular os leigos, isto é, os fiéis cristãos que, incorporados em Cristo pelo batismo, vivem no mundo. A eles pertence, depois de penetrados do Espírito de Cristo, animar interiormente, à maneira de fermento, as realidades temporais e dispô-las para que se realizem sempre segundo Cristo[44].

Não basta, porém, que o povo cristão esteja presente e estabelecido num país; não basta também que ele exerça o apostolado do exemplo; está estabelecido, está presente com esta finalidade: anunciar Cristo aos seus concidadãos não-cristãos pela palavra e pela ação, e ajudá-los a receber plenamente a Cristo.

Mas, além disso, para a implantação da Igreja e para o desenvolvimento da comunidade cristã, são necessários ministérios diversos, que, suscitados pelo

---

[43] *Carta a Diogneto*, 5: PG 2, 1173; cf. Const. dogm. *Lumen Gentium*, 38.

[44] Cf. Const. dogm. *Lumen Gentium*, 32; Decreto *De apostolatu laicorum*.

apelo divino no seio mesmo da assembléia dos fiéis, devem ser encorajados e cultivados por todos com diligente cuidado; entre estes ministérios, há as funções dos sacerdotes, dos diáconos e dos catequistas, e a ação católica. De modo análogo, os religiosos e as religiosas desempenham, quer pela oração quer pela ação, um serviço indispensável para enraizar nos corações o reino de Cristo, fortificá-lo e estendê-lo mais ao longe.

A formação do clero local

16. Com imensa alegria, a Igreja dá graças pelo dom inapreciável da vocação sacerdotal que Deus concedeu a tão avultado número de jovens entre os povos recentemente convertidos a Cristo. A Igreja, efetivamente, lança raízes mais vigorosas em cada agrupamento humano, quando as várias comunidades de fiéis tiram dentre os seus membros os próprios ministros da salvação na ordem dos Bispos, dos presbíteros e dos diáconos, que servem os seus irmãos, de tal sorte que as jovens Igrejas adquirem, pouco a pouco, uma estrutura diocesana com clero próprio.

Aquilo que foi decidido por este Concílio a propósito da vocação e da formação sacerdotal, observe-se religiosamente nos lugares em que a Igreja começa a implantar-se e também nas jovens Igrejas.

Preste-se muita atenção ao que foi dito sobre a formação espiritual intimamente unida à formação doutrinal e pastoral da vida vivida segundo o espírito do Evangelho, sem consideração de vantagem pessoal ou interesse familiar, e sobre a formação do sentido íntimo do mistério da Igreja. Assim aprenderão de maneira maravilhosa a consagrar-se inteiramente ao serviço do corpo de Cristo e à obra do Evangelho, a aderir ao próprio Bispo como fiéis colaboradores e a prestar leal colaboração aos seus irmãos[45].

Para conseguir este fim geral, toda a formação dos alunos deve ser orientada à luz do mistério da salvação, como vem exposto na Escritura. Descubram e vivam este mistério de Cristo e da salvação dos homens presente na liturgia[46].

Estas exigências comuns da formação sacerdotal, que é também pastoral e prática, devem harmonizar-se, segundo as disposições deste Concílio[47], com o desejo de ir ao encontro do modo particular de pensar e de agir da sua própria nação. Os espíritos dos alunos devem, pois, abrir-se e cultivar-se para bem conhecerem e poderem apreciar a cultura do seu país; nas disciplinas filosóficas e teológicas, devem tomar conhecimento das razões que levam ao

---

[45] Cf. Decreto *De institutione sacerdotali*, 4, 8, 9.

[46] Cf. Const. *De sacra liturgia*, 17.

[47] Cf. Decreto *De institutione sacerdotali*, 1.

desacordo entre as tradições e religiões nacionais e a religião cristã[48]. Do mesmo modo, a formação sacerdotal deve ter em vista as necessidades pastorais da região: os alunos devem aprender a história, a finalidade e o método da ação missionária da Igreja e as condições particulares, sociais, econômicas e culturais do seu próprio povo. Devem ser educados no espírito de ecumenismo e convenientemente preparados para o diálogo fraterno com os não-cristãos[49]. Tudo isto pede que os estudos para o sacerdócio sejam realizados, quanto possível, em ligação contínua e na convivência com as pessoas do próprio país[50]. Procure-se, enfim, dar uma formação que prepare para a ordenada administração eclesiástica, e até mesmo econômica.

Dever-se-á também escolher sacerdotes capazes que, depois de alguma experiência pastoral, realizem estudos superiores em Universidades, mesmo estrangeiras, sobretudo em Roma, e em outros Institutos científicos, de sorte que as Igrejas jovens tenham à sua disposição sacerdotes do clero local, dotados de ciência e experiência convenientes, para desempenharem as funções eclesiásticas de maior responsabilidade.

---

[48] Cf. João XXIII, *Princeps Pastorum*: AAS (1959), 843-844.

[49] Cf. Decreto *De Oecumenismo*, 4.

[50] Cf. João XXIII, *Princeps Pastorum*: AAS (1959), 842.

Nos lugares em que as Conferências episcopais julgarem oportuno, restabeleça-se a ordem do diaconado como estado de vida permanente, em conformidade com as normas da Constituição sobre a Igreja[51]. É útil, com efeito, que para exercer um ministério verdadeiramente diaconal, quer pregando a palavra de Deus como catequistas, quer dirigindo em nome do pároco e do Bispo comunidades cristãs dispersas, quer exercendo a caridade em obras sociais ou caritativas, sejam fortificados pela imposição das mãos, transmitida desde o tempo dos Apóstolos, e mais estreitamente unidos ao altar, para que desempenhem o seu ministério mais eficazmente, por meio da graça sobrenatural do diaconado.

A formação dos catequistas

17. De modo semelhante, é digno de elogio aquele exército com tantos méritos na obra das missões entre pagãos, o exército dos catequistas, homens e mulheres, que, penetrados do espírito apostólico, prestam com grandes sacrifícios uma ajuda singular e absolutamente necessária à expansão da fé e da Igreja.

Hoje em dia, em razão da escassez do clero para evangelizar tão grandes multidões e exercer o

---

[51] Cf. Const. dogm. *Lumen Gentium*, 29.

ministério pastoral, o ofício de catequistas tem muitíssima importância. A sua formação deve, portanto, fazer-se de maneira tão adaptada ao progresso cultural, que eles possam desempenhar, mais perfeitamente possível, o seu múnus como colaboradores eficazes da ordem sacerdotal, múnus esse que se vai tornando difícil com novas e maiores obrigações.

É preciso, portanto, multiplicar as escolas diocesanas e regionais, nas quais os futuros catequistas estudem cuidadosamente a doutrina católica, e a prática pastoral, e se formem na moral cristã[52], exercitando-se sem desfalecimentos na piedade e na santidade de vida. Além disso, devem-se organizar reuniões ou cursos de atualização nas disciplinas e nas artes úteis ao seu ministério, e de renovação e robustecimento da sua vida espiritual. Por outro lado, aos que se dedicam inteiramente a esta ocupação, dever-se-á proporcionar, por uma justa remuneração, conveniente nível de vida e segurança social[53].

É de desejar que se proveja, de maneira conveniente, à formação e sustentação dos catequistas, por meio de subsídios especiais da sagrada Congregação de "Propaganda Fide". Parecendo necessário e conveniente, organize-se uma Obra para os catequistas.

---

[52] Cf. João XXIII, *Princeps Pastorum*: AAS (1959), 855.

[53] Trata-se dos chamados "catechistes à plein temps", "full time catechists".

Além disso, as Igrejas serão reconhecidas ao trabalho generoso dos catequistas auxiliares, cuja ajuda lhes será indispensável. São eles que presidem às orações nas comunidades e ensinam a doutrina. É preciso, pois, tratar da sua conveniente formação doutrinal e espiritual. Por outro lado, é de desejar que, onde parecer oportuno seja confiada publicamente, durante a celebração de uma ação litúrgica, a missão canônica aos catequistas que tiverem recebido formação suficiente, a fim de se dedicarem com maior autoridade ao serviço da fé junto do povo.

A promoção da vida religiosa

18. Desde o período de implantação da Igreja, se deve ter o cuidado de promover a vida religiosa; esta não somente presta ajuda preciosa e absolutamente necessária à atividade missionária, mas, pela consagração mais íntima feita a Deus na Igreja, manifesta também com esplendor e faz compreender a natureza íntima da vocação cristã[54].

Os Institutos religiosos que trabalham na implantação da Igreja, profundamente impregnados das riquezas místicas que são a glória da tradição religiosa da Igreja, devem esforçar-se por expressá-las e

---

[54] Cf. Const. dogm. *Lumen Gentium*, 31, 44.

transmiti-las, segundo a índole e caráter de cada povo. Devem examinar como é que as tradições ascéticas e contemplativas, cujos germes foram, não raro, espalhados por Deus nas civilizações antigas, antes da pregação do Evangelho, podem ser assumidas pela vida religiosa cristã.

Devem cultivar-se nas Igrejas jovens as diversas formas de vida religiosa para que mostrem os diversos aspectos da missão de Cristo e da vida da Igreja, e se dediquem às várias obras pastorais, e preparem convenientemente os seus membros para as desempenhar. No entanto, procurem os Bispos nas Conferências que não se multipliquem Congregações com o mesmo fim apostólico, com prejuízo da vida religiosa e do apostolado.

São dignas de menção especial as diversas iniciativas visando ao enraizamento da vida contemplativa; certos Institutos, guardando os elementos essenciais da instituição monástica, trabalham por implantar a riquíssima tradição da sua Ordem; outros voltam às formas mais simples do monaquismo antigo. Todos, no entanto, devem procurar uma autêntica adaptação às condições locais. Uma vez que a vida contemplativa pertence à plenitude da presença da Igreja, é preciso que ela seja instaurada por toda parte nas novas Igrejas.

CAPÍTULO III

AS IGREJAS PARTICULARES

Os progressos das Igrejas jovens

19. A obra de implantação da Igreja num determinado agrupamento humano atinge em certa medida o seu termo, quando a assembléia dos fiéis, enraizada já na vida social e adaptada à cultura local, goza de alguma estabilidade e firmeza: com recursos próprios, ainda que insuficientes de clero local, de religiosos e de leigos, possui já os ministérios e instituições necessárias para viver e desenvolver a vida do Povo de Deus, sob a orientação do próprio Bispo.

Nestas Igrejas jovens, a vida do Povo de Deus deve adquirir a maturidade em todos os setores da vida cristã, renovada segundo as normas deste Concílio: os grupos dos fiéis tornam-se de dia para dia mais conscientemente comunidades de fé, de liturgia e de caridade; pela sua atividade cívica e apostólica, os leigos trabalham para instaurar na sociedade uma ordem de caridade e de justiça; os meios de comunicação social são empregados de maneira oportuna e prudente; graças a uma vida verdadeiramente cristã, as famílias tornam-se viveiros do apostolado dos leigos e das vocações sacerdotais e religiosas. A fé, enfim, é ensinada por meio de uma catequese adaptada, é celebrada numa liturgia conforme ao gênio do povo, e, por uma legislação canônica conveniente, ela passa para as instituições e para os costumes locais.

Os Bispos, cada um com o seu presbitério, cada vez mais penetrados do sentido de Cristo e da Igreja, devem sentir e viver com a Igreja universal. Deve manter-se íntima a comunhão das Igrejas jovens com a Igreja inteira, cujos elementos tradicionais elas devem juntar à sua cultura própria, para fazer crescer a vida do corpo místico por meio de trocas mútuas[55]. Por isso, devem cultivar-se os elementos teológicos, psicológicos e humanos que podem contribuir para fomentar este sentido de comunhão com a Igreja universal.

Estas Igrejas, não raro situadas nas regiões mais pobres do globo vêem-se ainda a braços com insuficiência, ordinariamente muito grave, de sacerdotes, e com falta de subsídios materiais. Por isso, têm muitíssima necessidade de que a ação missionária continuada da Igreja inteira lhes subministre os socorros que servem, antes de mais, para o desenvolvimento da Igreja local e para a maturidade da vida cristã. Esta ação missionária deve atender também às Igrejas fundadas desde longa data que se encontram em estado de retrocesso ou decadência.

---

[55] Cf. João XXIII, *Princeps Pastorum*: AAS (1959), 838.

Estas igrejas, porém, devem renovar o seu zelo pastoral comum e as obras oportunas para aumentar em número, discernir com mais segurança e cultivar com mais eficácia[56], as vocações para o clero diocesano e para os Institutos religiosos, de maneira que pouco a pouco, possam prover às suas próprias necessidades e auxiliar as outras.

A ação missionária das Igrejas particulares

20. A Igreja particular, pela obrigação que tem de representar o mais perfeitamente possível a Igreja universal, deve ter consciência que foi também enviada aos habitantes do mesmo território que não crêem em Cristo a fim de ser, pelo testemunho de vida de cada um dos fiéis e de toda a comunidade, um sinal para mostrar-lhes Cristo.

Além disso, para o Evangelho chegar a todos, é indispensável o ministério da palavra. É preciso que o Bispo seja, antes de mais, um pregador da fé, que conduza a Cristo novos discípulos[57]. Para se desempenhar, como convém, desta nobre incumbência, deve conhecer bem a situação do seu rebanho, as opiniões íntimas dos seus concidadãos a respeito de

---

[56] Decreto *De ministerio et vita sacerdotali*, 11; Decreto *De institutione sacerdotali*, 2.

[57] Cf. Const. dogm. *Lumen Gentium*, 25.

Deus, tomando cuidadosamente em linha de conta as mudanças introduzidas pela urbanização, migração e indiferentismo religioso.

Nas Igrejas jovens, os sacerdotes locais empreendam com ardor a obra da evangelização, organizando uma ação comum com os missionários estrangeiros, com os quais formam um presbitério único, congregado sob a autoridade do Bispo, não só para apascentar os fiéis e celebrar o culto divino, mas também para pregar o Evangelho àqueles que estão fora. Eles devem mostrar-se prontos e, havendo ocasião, oferecer-se com fervor ao Bispo para empreender o trabalho missionário nas regiões afastadas e abandonadas da sua própria diocese, ou em outras dioceses.

Do mesmo zelo em relação aos seus concidadãos, sobretudo os mais pobres, devem sentir-se animados os religiosos e as religiosas, bem como os leigos.

As Conferências episcopais procurem organizar, em tempos determinados, cursos de renovação bíblica, teológica, espiritual e pastoral, para que, na variedade e mudança de situações, o clero adquira um conhecimento mais pleno da ciência teológica e dos métodos pastorais.

Quanto ao mais, observe-se religiosamente o que este Concílio determinou, especialmente no decreto sobre o ministério e a vida dos sacerdotes.

Para que esta obra missionária de uma Igreja particular possa ser levada a bom termo, é necessário que haja ministros capazes, oportunamente preparados em conformidade com o condicionalismo de cada Igreja. Uma vez que os homens se reúnem cada vez mais em grupos, convém absolutamente que as Conferências episcopais tenham planos comuns sobre o diálogo a instituir com esses grupos. Se em certas regiões se encontram grupos de homens, que são impedidos de abraçar a fé católica pelo fato de não poderem adaptar-se à forma particular que a Igreja aí tenha revestido, é de desejar que se proveja de maneira especial[58] a essa situação, até que todos os cristãos possam ser congregados numa só comunidade. Os Bispos devem chamar para as suas dioceses ou receber de boa vontade os missionários de que a Sé Apostólica puder dispor para esta finalidade, e favorecer eficazmente as suas iniciativas.

Para que este zelo missionário comece a florescer entre os nativos de um país, convém absolutamente que as Igrejas jovens participem efetivamente na missão universal da Igreja, enviando elas também missionários para anunciar o Evangelho por toda a terra, ainda que elas sofram da falta de clero. A co-

---

[58] Cf. Decreto *De ministerio et vita praesbyterorum*, 10, onde, para tornar mais fáceis as obras pastorais em favor dos diversos agrupamentos sociais, se prevê a constituição de Prelaturas pessoais, na medida em que o ordenado exercício do apostolado o exigir.

munhão com a Igreja inteira será, de certo modo, consumada quando, também elas, tomarem parte ativa na ação missionária junto a outros povos.

A promoção do apostolado dos leigos

21. A Igreja não está fundada verdadeiramente, nem vive plenamente, nem é o sinal perfeito de Cristo entre os homens se, com a Hierarquia, não existe e trabalha um laicado autêntico. De fato, sem a presença ativa dos leigos, o Evangelho não pode gravar-se profundamente nos espíritos, na vida e no trabalho de um povo. Por isso, é necessário desde a fundação da Igreja prestar grande atenção à formação de um laicado cristão amadurecido.

Os leigos pertencem, ao mesmo tempo, ao Povo de Deus e à sociedade civil: pertencem por um lado, à nação em que nasceram, de cujos tesouros culturais participam pela educação, a cuja vida estão ligados por múltiplos laços sociais, para cujo progresso cooperam com o próprio esforço em suas profissões, cujos problemas sentem e procuram resolver como próprios; pertencem também a Cristo, porque foram regenerados na Igreja pela fé e pelo batismo, a fim de serem de Cristo pela renovação da vida e ação (cf. 1Cor 15,23), para que em Cristo tudo seja submetido a Deus, e, enfim, Deus seja tudo em todos (cf. 1Cor 15,28).

O principal dever deles, homens e mulheres, é o testemunho de Cristo, que têm obrigação de dar, por sua vida e palavras, na família, no grupo social, no meio profissional. É necessário que se manifeste neles o homem novo criado segundo Deus em justiça e santidade de verdade (cf. Ef 4,24). Devem exprimir esta novidade de vida no meio social e cultural da sua pátria, em conformidade com as tradições nacionais. Devem conhecer esta cultura, purificá-la, conservá-la, desenvolvê-la segundo as novas situações, enfim, dar-lhe a sua perfeição em Cristo a fim de que a fé em Cristo e a vida da Igreja deixem de ser estranhas à sociedade em que vivem mas comecem a penetrá-la e a transformá-la. Devem unir-se aos seus concidadãos com caridade sincera, a fim de que no seu comportamento apareça um novo laço de unidade e de solidariedade universal, haurida no mistério de Cristo. Devem transmitir a fé em Cristo também àqueles a quem estão ligados pela vida e profissão; esta obrigação impõe-se tanto mais quanto a maior parte dos homens não podem ouvir o Evangelho e conhecer a Cristo senão pelos seus vizinhos leigos. Mais ainda: onde for possível, devem os leigos estar prontos a cumprir, em colaboração mais imediata com a Hierarquia, a missão especial de anunciar o Evangelho e comunicar a doutrina cristã, a fim de tornarem mais vigorosa a Igreja nascente.

Os ministros da Igreja, por sua vez, devem ter em muito apreço o apostolado ativo dos leigos. Devem formá-los para, como membros de Cristo, tomarem consciência da sua responsabilidade em relação aos outros homens; devem instruí-los profundamente no mistério de Cristo, iniciá-los nos métodos práticos, assisti-los nas dificuldades, em conformidade com o pensamento da Constituição *Lumen Gentium* e do decreto *Apostolicam actuositatem*.

Bem respeitadas as funções e as responsabilidades próprias dos pastores e dos leigos, a nova Igreja toda inteira deve dar um único testemunho vivo e firme de Cristo, a fim de se tornar um sinal luminoso da salvação que em Cristo vem até nós.

A diversidade na unidade

22. A semente da palavra de Deus, germinando em boa terra, regada pelo orvalho divino, aspira a seiva, transforma-a e assimila-a para produzir fruto abundante. Certamente, de modo análogo à economia da encarnação, as Igrejas jovens, enraizadas em Cristo e construídas sobre o fundamento dos Apóstolos, assumem por um maravilhoso intercâmbio, todas as riquezas das nações que foram dadas a Cristo em herança (cf. Sl 2,8). Recebem dos costumes e das tradições dos seus povos, da sabedoria e

da doutrina, das artes e das disciplinas, tudo aquilo que pode contribuir para confessar a glória do criador, ilustrar a graça do Salvador, e ordenar, como convém, a vida cristã[59].

Para conseguir este objetivo, é necessário que em cada grande espaço sociocultural, se estimule uma reflexão teológica tal que, à luz da tradição da Igreja universal, as ações e palavras reveladas por Deus, consignadas na Sagrada Escritura, e explicadas pelos Padres da Igreja e pelo magistério, sejam sempre de novo investigadas. Assim se entenderá mais claramente o processo de tornar a fé inteligível, tendo em conta a filosofia ou a sabedoria dos povos, e a maneira dos costumes, o sentido da vida e a ordem social poderem concordar com os costumes indicados pela revelação divina. Deste modo se verá o caminho de uma mais profunda adaptação em toda a extensão da vida cristã. Toda a aparência de sincretismo e de falso particularismo, será assim excluída, a vida cristã conformar-se-á bem ao gênio de cada cultura[60], as tradições particulares e qualidades próprias de cada nação, esclarecidas pela luz do Evangelho, serão assumidas na unidade católica. Enfim, as novas Igrejas particulares, enriquecidas pelas suas

---

[59] Cf. Const. dogm. *Lumen Gentium*, 13.

[60] Cf. Alocução de Paulo VI na canonização dos Mártires de Uganda: AAS (1964), 908.

tradições, terão o seu lugar na comunhão eclesiástica, ficando intato o primado da cátedra de Pedro, que preside a toda a assembléia da caridade[61].

É, portanto, de desejar, ou antes, convém absolutamente que as conferências episcopais, dentro dos limites de cada grande espaço sociocultural, se unam entre si para, de comum acordo e pondo em comum os seus planos, conseguirem este objetivo da adaptação.

---

[61] Cf. Const. dogm. *Lumen Gentium*, 13.

CAPÍTULO IV

OS MISSIONÁRIOS

As vocações missionárias

23. Embora todo discípulo de Cristo tenha a obrigação de difundir a fé conforme as suas possibilidades[62], Cristo Senhor chama sempre dentre os discípulos os que ele quer para estarem com ele e os enviar a evangelizar os povos (cf. Mc 3,13ss). E assim, mediante o Espírito Santo, que para utilidade comum reparte os carismas como quer (1Cor 12,11), inspira no coração de cada um a vocação missionária, e ao mesmo tempo suscita na Igreja Institutos[63], que assumam, como tarefa própria, o dever de evangelizar, que pertence a toda a Igreja.

De fato, são marcados com vocação especial aqueles que, dotados de índole natural conveniente e das qualidades e talentos requeridos, estão prontos para empreender o trabalho missionário[64], quer se-

---

[62] Const. dogm. *Lumen Gentium*, 17.

[63] Por "Institutos" entendem-se as Ordens, Congregações, Institutos e Associações que trabalham nas Missões.

[64] Cf. Pio XI, *Rerum Ecclesiae*: AAS (1926), 69-71; Pio XII, *Saeculo exeunte*: AAS 1940, 256; *Evangelii Praecones*: AAS (1951), 506.

jam autóctones quer estrangeiros: sacerdotes, religiosos e leigos. Enviados pela legítima autoridade, partem, movidos pela fé e obediência, para junto dos que estão longe de Cristo, postos à parte para uma obra à qual foram destinados (cf. At 13,2) como ministros do Evangelho, "a fim de que a oblação dos gentios seja aceita e santificada no Espírito Santo" (Rm 15,16).

A espiritualidade missionária

24. Mas o homem deve responder ao chamamento de Deus, de forma tal que, sem transigir com a carne e o sangue (cf. Gl 1,16), todo ele se entregue à obra do Evangelho. Esta resposta, porém, não pode ser dada senão por impulso e virtude do Espírito Santo. O enviado entra, portanto, na vida e missão daquele que "a si mesmo se aniquilou tomando a forma de servo" (Fl 2,7). Por conseguinte, deve estar pronto a perseverar toda a vida na vocação, a renunciar a si e a todas as suas coisas, e a "fazer-se tudo para todos" (1Cor 9,22).

Anunciando o Evangelho aos povos, dê a conhecer confiadamente o mistério de Cristo, do qual é legado, de maneira que ouse falar nele como é necessário (cf. Ef 6,19ss; At 4,31), não se envergonhando do escândalo da cruz. Seguindo os passos do seu mestre, manso e humilde de coração, mostre que o seu jugo é suave e leve a sua carga (Mt 11,29ss). Mediante uma vida verdadeiramente evangélica[65], com muita paciência, longanimidade, suavidade, caridade sincera (cf. 2Cor 6,4ss), dê testemunho do seu Senhor até à efusão do sangue, se for necessário. Alcançará de Deus virtude e força para descobrir a abundância de gozo que se encerra na grande prova da tribulação e da pobreza extrema (cf. 2Cor 8,2). Persuada-se que a obediência é a virtude peculiar do ministro de Cristo que por sua obediência redimiu o gênero humano.

Os pregoeiros do Evangelho, para não negligenciar a graça que em si têm, renovem continuamente a sua atitude espiritual (cf. 1Tm 4,14; Ef 4,23; 2Cor 4,16). Por sua vez, os Ordinários e os Superiores reúnam os missionários em tempos determinados, a fim de mais se robustecerem na esperança da vocação e se renovarem no ministério apostólico, fundando até, para isso, casas apropriadas.

A formação espiritual e moral

25. Para tão sublime empresa, há de o futuro missionário preparar-se com esmerada formação es-

---

[65] Cf. Bento XV, *Maximum illud*: AAS (1919), 449-450.

piritual e moral[66]. Deve, com efeito, ser capaz de tomar iniciativas, constante em levar a cabo as obras, perseverante nas dificuldades, suportando com paciência e fortaleza a solidão, a fadiga, o trabalho infrutuoso. Com mente aberta e coração dilatado, irá ao encontro dos homens; abraçará de boa vontade os trabalhos que lhe confiaram; adaptar-se-á também generosamente aos diversos costumes e variadas condições dos povos; com espírito concorde e mútua caridade colaborará com seus irmãos e com todos quantos se consagram à mesma empresa, de maneira que juntamente com os fiéis, imitando a comunidade apostólica, tenham um só coração e uma só alma (cf. At 2,42; 4,32).

Estes hábitos de espírito sejam diligentemente exercitados, cuidadosamente cultivados, elevados e alimentados com a vida espiritual, já desde o tempo da formação. Penetrado de fé viva e esperança indefectível, o missionário seja homem de oração; arda no espírito de fortaleza, de caridade e de temperança (cf. 2Tm 1,7); aprenda a bastar-se a si mesmo (cf. Fl 4,11); pelo espírito de sacrifício, leve em si o estado de morte de Jesus, a fim de que a vida de Jesus opere naqueles aos quais é enviado (cf. 2Cor 4,10ss);

---

[66] Cf. Bento XV, *Maximum illud*: AAS (1919), 448-449; Pio XII, *Evangelii Praecones*: AAS (1951), 507. Na formação dos sacerdotes missionários deve tomar-se em conta o que se prescreve no Decreto *De Institutione sacerdotali*.

com verdadeiro zelo gaste tudo e desgaste-se a si mesmo pelo bem das almas (cf. 2Cor 12,15ss), de tal forma que "mediante o exercício diário do seu ministério, cresça no amor de Deus e do próximo"[67]. Desta sorte, obedecendo com Cristo à vontade do Pai, continuará a sua missão sob a autoridade hierárquica da Igreja, e cooperará no mistério da salvação.

A formação doutrinal e apostólica

26. Os que forem enviados aos diversos povos, como bons ministros de Cristo, devem ser alimentados "com a palavra da fé e da boa doutrina" (1Tm 4,6), que haurirão primeiramente na Sagrada Escritura, perscrutando o mistério de Cristo, de quem serão arautos e testemunhas.

E assim, todos os missionários — sacerdotes, irmãos, irmãs, leigos — sejam preparados e formados, cada qual segundo a sua condição, de maneira a estarem à altura das exigências do trabalho futuro[68]. Já desde o começo, de tal modo se processe a sua formação doutrinal, que abranja tanto a universalidade da Igreja como a diversidade das nações. E isto vale tanto para todas as disciplinas em que se formam

---

[67] Const. dogm. *Lumen Gentium*, 41.

[68] Cf. Bento XV, *Maximum illud*: AAS (1919), 440; Pio XII, *Evangelii Praecones*: AAS (1951), 507.

visando o desempenho do ministério, como para as outras ciências úteis para o conhecimento dos povos, das culturas, das religiões, com vistas não só ao passado mas também ao tempo presente. Aquele, pois, que é destinado a outra nação, tenha em grande apreço o seu patrimônio, língua e costumes. Ao futuro missionário importa sumamente que se aplique aos estudos missiológicos, isto é, a conhecer a doutrina e as normas da Igreja em matéria de atividade missionária, a informar-se sobre os caminhos percorridos pelos arautos do Evangelho ao longo dos séculos, como também sobre a condição presente das missões e sobre os métodos considerados hoje mais eficazes[69].

Embora toda a formação deva estar imbuída de solicitude pastoral, ministre-se-lhes, contudo, peculiar e bem orientada formação apostólica quer teórica quer prática[70].

Forme-se o maior número possível de irmãos e de irmãs em catequética para darem maior colaboração no apostolado.

Mesmo aqueles que se dedicam só por algum tempo à ação missionária, devem receber a formação adequada à sua condição.

---

[69] Bento XV, *Maximum illud*: AAS (1919), 448; Decr. da S. C. P. F., 20 de maio de 1923: AAS (1923), 369-370; Pio XII, *Saeculo exeunte*: AAS (1940), 256; *Evangelii Praecones*: AAS (1951), 507; João XXIII, *Princeps Pastorum*: AAS (1959), 843-844.

[70] Decr. *De Institutione sacerdotali*, 19-21; Const. Apost. *Sedes Sapientiae*, com os Estatutos gerais.

Essas diferentes espécies de preparação, porém, devem ser completadas nas próprias terras de missão, de modo que os missionários adquiram mais profundo conhecimento da história, das estruturas sociais e dos costumes dos povos, e se inteirem da ordem moral e dos preceitos religiosos, bem como do verdadeiro pensamento que esses povos, conforme suas tradições sagradas, possuem acerca de Deus, do mundo e do homem[71]. Quanto às línguas, aprendam-nas de modo a usá-las com facilidade e elegância, e terem, assim, mais fácil acesso à inteligência e ao coração dos homens[72]. Finalmente, sejam iniciados nas necessidades pastorais características da terra.

Haja também pessoas preparadas de modo mais profundo em Institutos missiológicos ou em outras Faculdades ou Universidades, que possam desempenhar cargos de maior responsabilidade[73], e, com a sua ciência, auxiliar os outros missionários no exercício da obra evangelizadora, que é, na hora atual, tão difícil e tão oportuna. Além disso, é sumamente desejável que as Conferências episcopais regionais tenham à sua disposição bom número desses peritos e que, nas necessidades do próprio cargo, façam proveitoso uso do seu saber e experiência. Nem falte

---

[71] Pio XII, *Evangelii Praecones*: AAS (1951), 523-524.

[72] Bento XV, *Maximum illud*: AAS (1919), 448; Pio XII, *Evangelii Praecones*: AAS (1951), 507.

[73] Cf. Pio XII, *Fidei donum*: AAS (1957), 234.

igualmente quem saiba usar com perícia os instrumentos técnicos e de comunicação social, cuja importância todos reconheçam devidamente.

Os Institutos missionários

27. Tudo isso, embora absolutamente necessário para cada um dos enviados ao campo do apostolado, na realidade, dificilmente pode ser conseguido pelos indivíduos isolados. Visto que a mesma obra missionária, como prova da experiência, não pode ser realizada por pessoas isoladamente, a vocação comum reuniu-os em Institutos, nos quais, pelo esforço comum, se formem convenientemente e executem essa tarefa em nome da Igreja e segundo a vontade da autoridade hierárquica. Os Institutos, desde há muitos séculos que suportaram o peso do dia e do calor, consagrando-se inteiramente ou só em parte à empresa apostólica. Muitas vezes a Santa Sé confiou à sua evangelização vastos territórios, nos quais reuniram para Deus, um novo povo, uma Igreja local à volta dos seus próprios pastores. A essas Igrejas, fundadas à custa do seu suor e até do seu sangue, prestarão serviços com zelo e experiência em fraterna cooperação, já no cuidado das almas, já em cargos especiais em função do bem comum.

Algumas vezes, tomarão a seu cargo em toda uma região certos trabalhos mais urgentes, como por exemplo, a ação missionária em grupos ou povos que, devido a especiais razões, ainda não receberam a boa nova do Evangelho, ou a ela resistiram até ao presente[74].

Se for preciso, dediquem-se a formar e ajudar com sua experiência aqueles que se consagram por um tempo determinado à ação missionária.

Por todos esses motivos, e porque há ainda povos numerosos para conduzir a Cristo, os Institutos continuam a ser da máxima necessidade.

---

[74] Cf. *De ministerio et vita presbyterorum*, 10, onde se trata das dioceses, prelaturas pessoais e coisas parecidas.

CAPÍTULO V

A ORGANIZAÇÃO
DA ATIVIDADE MISSIONÁRIA

Introdução

28. Os fiéis, em virtude de possuírem dons diferentes (cf. Rm 12,6), devem colaborar no Evangelho, cada um segundo as suas possibilidades, aptidões, carismas e ministérios (cf. 1Cor 3,10). É ainda necessário que todos os que semeiam e os que segam (cf. Jo 4,37), os que plantam e os que regam, sejam um só (cf. 1Cor 3,8), a fim de que, "conspirando livre e ordenadamente para o mesmo fim"[75], empreguem unanimemente as suas forças na edificação da Igreja.

Por isso, os trabalhos dos arautos do Evangelho e os auxílios dos restantes fiéis devem ser orientados e unidos de modo a que tudo se faça com ordem (1Cor 14,40) em todas as atividades e esferas da cooperação missionária.

---

[75] Const. dogm. *Lumen Gentium*, 18.

A organização geral

29. O cuidado de anunciar o Evangelho em todas as partes da terra pertence, antes de mais, ao corpo episcopal[76]; por isso, o Sínodo episcopal ou "Conselho permanente de Bispos para toda a Igreja"[77], entre os assuntos de importância geral[78], deve atender de modo especial à atividade missionária, que é a principal e a mais sagrada da Igreja[79].

Para todas as missões e para toda a atividade missionária, haja um só dicastério competente, a saber, a Congregação de "Propaganda Fide", que orientará e coordenará, em todo o mundo tanto a atividade como a cooperação missionária, ressalvando-se contudo, o direito das Igrejas orientais[80].

Embora o Espírito Santo desperte, de muitos modos, na Igreja de Deus, o espírito missionário, e não poucas vezes se anteceda à ação dos que governam a vida da Igreja, este dicastério, contudo, deve promover, por sua parte, a vocação e a espiritualida-

---

[76] Const. dogm. *Lumen Gentium*, 23.

[77] Motu proprio *Apostolica Sollicitudo*, 15 set. 1965.

[78] Paulo VI, Aloc. ao Concílio, no dia 21-11-1964: AAS (1964).

[79] Bento XV, *Maximum illud*: AAS (1913), 39-40.

[80] Se algumas Missões, por razões particulares, estão sob a jurisdição de outros Dicastérios, importa que estes estejam em comunicação com a S. Congregação *De Propaganda Fide*, para que possa haver uma regra e norma constante e uniforme, na ordenação e direção de todas as Missões.

de missionária, o zelo e a oração pelas missões, e uma exata e adequada informação sobre elas. Suscite e distribua os missionários, segundo as necessidades mais urgentes das regiões. Organize um plano de ação; dele promanem as normas diretivas, os princípios para a evangelização e dele procedam os impulsos. Incite e coordene a coleta eficaz de subsídios, que se devem distribuir segundo a medida da necessidade ou da utilidade, da extensão do território, do número de fiéis e infiéis, das obras e das instituições, dos auxiliares e dos missionários.

Em união com o "Secretariado para a união dos cristãos" procure os meios de realizar e ordenar a colaboração fraterna e a convivência com as iniciativas missionárias de outras comunidades cristãs, a fim de se evitar, quanto possível, o escândalo da divisão.

Por isso, importa que este dicastério seja tanto instrumento de administração como órgão de direção dinâmica, empregando os métodos científicos e os instrumentos adaptados às condições atuais, e tendo em consideração a hodierna investigação da teologia, metodologia e da pastoral missionária.

Na direção deste dicastério, tenham parte muito ativa, com voto deliberativo, representantes escolhidos de todos aqueles que trabalham na obra missionária: os Bispos de todo o mundo, depois de ouvidas as Conferências episcopais, e os Superiores dos Institutos e das Obras pontifícias, segundo as normas e proporções que o Romano Pontífice estabelecer. Todos estes, que hão de ser convocados em datas fixas, exerçam, sob a autoridade do Sumo Pontífice, a suprema orientação de toda a obra missionária.

Esteja à disposição deste dicastério um grupo permanente de consultores peritos, de reconhecida ciência e experiência, aos quais pertence, entre outras coisas, reunir uma informação oportuna sobre as condições locais das várias regiões, a mentalidade dos diferentes grupos humanos, os métodos de evangelização a empregar, e propor conclusões cientificamente fundadas para a cooperação missionária.

Estejam convenientemente representados os Institutos de religiosas, as obras regionais a favor das missões, e as organizações de leigos, sobretudo as internacionais.

A organização local

30. Para que, no exercício da obra missionária, se atinjam os fins e os resultados, devem todos os operários missionários ter um "só coração e uma só alma" (At 4,32).

Pertence ao Bispo, como regra e centro de unidade no apostolado diocesano, promover, dirigir e coordenar a atividade missionária, mas de tal modo que se conserve e fomente a iniciativa espontânea dos que participam na obra. Todos os missionários, mesmo os religiosos isentos, estão sob a sua jurisdição nos vários trabalhos que dizem respeito ao exercício do apostolado[81]. Para melhor coordenação, constitua o Bispo, na medida do possível um Conselho pastoral, em que participem, por meio de delegados escolhidos, os clérigos, os religiosos e os leigos. Procure ainda que a ação apostólica não se limite aos convertidos, mas que os operários e os subsídios se destinem eqüitativamente à evangelização dos não-cristãos.

A coordenação regional

31. As Conferências episcopais resolvam, de comum acordo, as questões mais graves e os problemas mais urgentes, sem menosprezarem, contudo, as diferenças locais[82]. Para não dissipar o número já insuficiente de pessoas e de subsídios e não multiplicar sem necessidade as iniciativas, recomenda-se a fundação de obras comuns que sirvam o bem de todos; por exemplo, seminários, escolas superiores e técnicas, centros de pastoral, catequética, liturgia e dos meios de comunicação social.

Organize-se igualmente uma oportuna cooperação entre as diversas Conferências episcopais.

---

[81] Decr. *De pastorali Episcoporum munere in Ecclesia*, 35, 4.

[82] Decr. *De pastorali Episcoporum munere in Ecclesia*, 36-38.

A organização da atividade dos Institutos

32. É ainda de máxima importância coordenar as atividades exercidas pelos Institutos ou Associações eclesiásticas. Todos eles, seja qual for o seu gênero, devem secundar o Ordinário do lugar, em tudo o que se relaciona com a atividade missionária. Por isso, aproveitará muito realizar acordos particulares, em que se regulem as relações entre o Ordinário do lugar e o superior do Instituto.

Quando a um Instituto for confiado um território, o superior eclesiástico e o Instituto tenham muito a peito orientar tudo para que a nova comunidade cristã se transforme em Igreja local, a qual, no momento oportuno, será governada por seu próprio pastor, com o seu clero.

Ao acabar o encargo do território, surge uma nova condição. Então, as Conferências episcopais e os Institutos, de comum acordo, estabeleçam as normas que hão de reger as relações entre os Ordinários de lugar e os Institutos[83]. Contudo, pertence à Santa Sé estabelecer os princípios gerais, pelos quais se organizarão os acordos regionais ou até particulares.

Os Institutos devem estar prontos a continuar a obra começada, colaborando no ministério ordinário da cura de almas: mas, com o aumento do clero local,

---

[83] Decr. *De pastorali Episcoporum munere in Ecclesia*, 35, 5-6.

deve providenciar-se a que os Institutos, na medida em que for conforme à sua finalidade, se mantenham fiéis à própria diocese, encarregando-se generosamente de obras especiais ou de alguma região.

A coordenação dos Institutos

33. Os diversos Institutos que se dedicam à atividade missionária no mesmo território procurem os processos e os modos de coordenar as suas obras. Serão, portanto, de grande utilidade, as Conferências de religiosos e as Uniões de religiosas, em que participem todos os Institutos da mesma nação ou região. Vejam estas Conferências o que se pode fazer com a colaboração de todos e mantenham estreitas relações com as Conferências episcopais.

Tudo isto, por igual motivo, convém estendê-lo à colaboração dos Institutos missionários na sua pátria de origem, de modo que mais facilmente e com menos despesas se possam resolver os assuntos e empreendimentos comuns, como, por exemplo, a formação doutrinal dos futuros missionários, os cursos para missionários, as relações com as autoridades civis ou organismos nacionais e internacionais.

A coordenação dos Institutos científicos

34. Como o reto e ordenado exercício da atividade missionária exige que os operários evangélicos se preparem cientificamente para a sua função, sobretudo para o diálogo com as religiões e culturas não-cristãs, e que sejam ajudados eficazmente na execução, é de desejar que colaborem entre si fraterna e generosamente a favor das missões todos os Institutos científicos que estudam missiologia e outras disciplinas ou artes úteis às missões, como a etnologia e a lingüística, a história e a ciência das religiões, a sociologia, os métodos pastorais e outras coisas semelhantes.

CAPÍTULO VI

A COOPERAÇÃO

Introdução

35. Dado que a Igreja é toda ela missionária, e a obra da evangelização é um dever fundamental do Povo de Deus, este sagrado Concílio exorta todos a uma profunda renovação interior, para que tomem viva consciência das próprias responsabilidades na difusão do Evangelho e assumam a parte que lhes compete na obra missionária junto dos gentios.

O dever missionário do Povo de Deus

36. Como membros de Cristo vivo e a ele incorporados e configurados não só pelo batismo mas também pela confirmação e pela eucaristia, todos os fiéis estão obrigados, por dever, a colaborar no crescimento e na expansão do seu corpo para o levar a atingir, quanto antes, a sua plenitude (Ef 4,13).

Por isso, todos os filhos da Igreja tenham consciência viva das suas responsabilidades para com o mundo, fomentem em si um espírito verdadeiramente católico, e ponham suas forças a serviço da obra da evangelização. Saibam todos, porém, que o primeiro e mais irrecusável contributo para a difusão da fé, é viver profundamente a vida cristã. Pois o seu fervor no serviço de Deus e a sua caridade para com os outros é que hão de trazer a toda a Igreja o sopro de espírito novo que a faça aparecer como um sinal que se levanta entre as nações (cf. Is 11,12), como "luz do mundo" (Mt 5,14) e "sal da terra" (Mt 5,13). Este testemunho de vida produzirá mais facilmente o seu efeito, se for dado conjuntamente com as outras comunidades cristãs, segundo as normas do decreto sobre o ecumenismo[84].

Deste espírito renovado brotará espontaneamente a oferta de orações e de obras de penitência a Deus, para que fecunde com a sua graça a ação dos missionários; dele nascerão vocações missionárias e sairão os recursos de que as missões necessitam.

Porém, para que todos e cada um dos fiéis conheçam plenamente o estado atual da Igreja no mundo e ouçam a voz das multidões que clamam: "Vinde em nosso auxílio" (cf. At 16,9), facilitem-se, até pelos meios modernos de comunicação social, notícias missionárias tais que os façam sensíveis à atividade missionária e lhes abram o coração a tão profundas e imensas necessidades dos homens para lhes poderem valer.

---

[84] Cf. Decr. sobre o *Ecumenismo*, 12.

É também necessária uma coordenação das notícias e a cooperação com os órgãos nacionais e internacionais.

O dever missionário das comunidades cristãs

37. Como o Povo de Deus vive em comunidades, sobretudo diocesanas e paroquiais, e é nelas que de certo modo, se torna visível, pertence a estas dar também testemunho de Cristo perante as nações.

A graça da renovação não pode crescer nas comunidades, a não ser que cada uma dilate o âmbito da sua caridade até aos confins da terra e tenha igual solicitude pelos que são de longe como pelos que são seus próprios membros.

Assim, toda a comunidade reza, coopera e exerce atividade entre os gentios, por meio dos seus filhos a quem Deus escolheu para este importantíssimo encargo.

É muito útil, contanto que não crie desinteresse pela obra missionária universal, manter relações com os missionários oriundos da própria comunidade ou com determinada paróquia ou diocese das missões, para tornar visível a comunhão entre as comunidades e contribuir para mútua edificação.

O dever missionário dos Bispos

38. Todos os Bispos, como membros do corpo episcopal, sucessor do colégio apostólico, são consagrados não só em benefício de uma diocese mas para salvação de todo o mundo. O mandato de Cristo de pregar o Evangelho a toda criatura (Mc 16,15) afeta-os primária e imediatamente a eles com Pedro e sob Pedro. Daí nascem aquela comunhão e cooperação das Igrejas, hoje tão necessárias para levar a termo a obra da evangelização. Em virtude dessa comunhão, cada uma das Igrejas leva em si a solicitude por todas as outras, manifestando umas às outras as próprias necessidades, comunicando entre si os seus problemas, pois a dilatação do corpo de Cristo é dever de todo o colégio episcopal[85].

Na sua diocese, o Bispo, que forma uma só coisa com ela ao suscitar, promover e dirigir a obra missionária, torna presentes e como que palpáveis o espírito e o ardor missionário do Povo de Deus de maneira que toda a diocese se torna missionária.

É da responsabilidade do Bispo suscitar no seu povo e sobretudo entre os doentes e os oprimidos, almas que ofereçam a Deus, de todo o coração, orações e penitências pela evangelização do mundo: favorecer de bom grado as vocações de jovens e até de clérigos para os Institutos missionários, aceitando re-

---

[85] Cf. Const. dogm. *Lumen Gentium*, 23-24.

conhecido que Deus escolha alguns para a atividade missionária da Igreja; exortar e ajudar as Congregações diocesanas para que assumam a sua parte nas missões; promover junto dos seus fiéis as obras dos Institutos missionários, mas sobretudo as Obras missionárias pontifícias. Com todo o direito se deve dar o primeiro lugar a estas Obras uma vez que são meios quer para dar aos católicos um sentido verdadeiramente universal e missionário logo desde a infância, quer para promover coletas eficazes de subsídios para o bem de todas as missões segundo as necessidades de cada uma[86].

Como cresce de dia para dia a necessidade de operários na vinha do Senhor e os sacerdotes diocesanos desejam, eles também, ter parte cada vez maior na evangelização do mundo, este sagrado Concílio deseja que os Bispos, ponderando a gravíssima penúria de sacerdotes que impede a evangelização de muitas regiões, enviem, depois da devida preparação, alguns dos seus melhores sacerdotes que se ofereçam para as missões, para as dioceses mais carecidas de clero, com o fim de exercerem aí o ministério missionário em espírito de serviço, pelo menos durante um tempo determinado[87].

---

[86] Cf. Bento XV, *Maximum illud*: AAS (1919), 453-454; Pio XI, *Rerum Ecclesiae*: AAS (1926), 71-73; Pio XII, *Evangelii Praecones*: AAS (1951), 525-526; Id., *Fidei Donum*: AAS (1957), 241.

[87] Cf. Pio XII, *Fidei Donum*: AAS (1957), 245-246.

Mas, para que a atividade missionária dos Bispos a bem de toda a Igreja se possa exercer mais eficazmente, convém que as Conferências episcopais tomem conta de todos os assuntos que dizem respeito a uma ordenada cooperação da própria região.

Nas suas Conferências tratem os Bispos dos sacerdotes do clero diocesano que se devem dedicar à evangelização dos gentios; da contribuição fixa que cada diocese, em proporção com os seus recursos, deve oferecer todos os anos para a obra das missões[88]; da direção e organização dos modos e meios de ajudar diretamente as missões; do auxílio e, se for preciso, até da fundação de Institutos missionários e seminários do clero diocesano para as missões; do estreitamento dos laços entre estes Institutos e as dioceses.

Às Conferências episcopais pertence também fundar e promover instituições que fraternalmente recebam e ajudem, com o devido interesse pastoral, os que, por razões de estudo ou de trabalho emigram das terras de missão. Por eles, com efeito, povos longínquos tornam-se em certo modo vizinhos, e às comunidades cristãs mais antigas oferece-se uma ótima ocasião de dialogar com nações que ainda não ouviram pregar o Evangelho e de lhes mostrar no próprio exercício do amor e da ajuda, o genuíno rosto de Cristo[89].

---

[88] Decr. *De pastorali Episcoporum munere*, 6.

[89] Cf. Pio XII, *Fidei Donum*: AAS (1957), 245.

O dever missionário dos sacerdotes

39. Os sacerdotes representam a pessoa de Cristo e são cooperadores da ordem episcopal, na tríplice função sagrada que por sua natureza tem relação com a missão da Igreja[90]. Entendam, pois, muito bem que a sua vida foi consagrada também ao serviço das missões. Uma vez que pelo seu mesmo ministério — que consiste principalmente na eucaristia, que aperfeiçoa a Igreja — estão em comunhão com Cristo cabeça e trazem os outros a essa comunhão, não podem deixar de sentir quanto falta ainda para o pleno crescimento do corpo e quanto há que fazer, portanto, para que vá crescendo cada vez mais. Organizarão, pois, de tal maneira o trabalho pastoral que contribua para a dilatação do Evangelho entre os não-cristãos.

Os sacerdotes, no trabalho pastoral, procurem excitar e alimentar entre os fiéis o zelo pela evangelização do mundo, instruindo-os com a catequese e a pregação do dever que a Igreja tem de anunciar Cristo aos gentios; persuadindo as famílias cristãs da necessidade e da honra de cultivar as vocações missionárias entre os próprios filhos e filhas; fomentando o fervor missionário entre os jovens das escolas e associações católicas, de maneira a saírem dentre eles

---

[90] Cf. Const. dogm. *Lumen Gentium*, 28.

futuros arautos do Evangelho. Ensinem os fiéis a orar pelas missões e não tenham vergonha de lhes pedir esmolas, tornando-se como que mendigos por Cristo para a salvação das almas[91].

Os professores dos Seminários e Universidades elucidarão os alunos sobre a verdadeira situação do mundo e da Igreja, para que abram os olhos à necessidade de uma evangelização mais intensa dos não-cristãos e o seu zelo se acenda. E ao ensinar as questões dogmáticas, bíblicas, morais e históricas, chamem a atenção para os aspectos missionários nelas contidas, para que assim se forme a consciência missionária dos futuros sacerdotes.

O dever missionário dos Institutos de perfeição

40. Os Institutos religiosos de vida contemplativa e ativa tiveram até agora e continuam tendo a maior parte na evangelização do mundo. Este sagrado Concílio reconhece com satisfação seus méritos e dá graças a Deus por tantos esforços prestados à causa da glória de Deus e do serviço às almas. E este mesmo Concílio exorta-os a prosseguir incansavelmente na obra começada, pois bem sabem que a virtude da caridade, que por vocação têm de cultivar

---

[91] Cf. Pio XII, *Rerum Ecclesiae*: AAS (1926), 72.

com mais perfeição, impele e obriga a um espírito e a um trabalho verdadeiramente católicos[92].

Os Institutos de vida contemplativa por suas orações, penitências e tribulações, têm uma importância singular na conversão das almas, visto que é Deus quem pelas nossas orações envia operários para a sua messe (cf. Mt 9,38), abre o espírito dos não-cristãos para ouvir o Evangelho (cf. At 16,14), e fecunda nos seus corações a palavra da salvação (cf. 1Cor 3,7). Pede-se a esses Institutos que fundem casas nas terras de missão, como já muitos fizeram, para que, levando aí uma vida que se adapte às genuínas tradições religiosas dos povos, dêem entre os não-cristãos um testemunho brilhante tanto da majestade e da caridade de Deus como da sua união em Cristo.

Por seu lado, os Institutos de vida ativa, quer tenham um fim estritamente missionário quer não, examinem sinceramente diante de Deus se podem alargar mais a sua atividade em ordem à expansão do reino de Deus entre os gentios; se podem deixar a outros certos ministérios, para dedicar às missões as suas forças; se podem começar a ter atividades nas missões, adaptando, se for preciso, as suas Constituições, conformando-se contudo ao modo de pensar do fundador. Examinem também se os seus membros participam quanto podem na atividade missionária; e se o seu modo de vida é um testemunho do Evangelho adaptado à índole e às condições do povo que evangelizam.

---

[92] Cf. Const. dogm. *Lumen Gentium*, 44.

Uma vez que, sob a inspiração do Espírito Santo, crescem de dia para dia na Igreja os Institutos seculares, a sua ajuda, sob a autoridade do Bispo, pode ser a muitos títulos proveitosa para as missões, como sinal de uma entrega plena à evangelização do mundo.

O dever missionário dos leigos

41. Os leigos colaboram na obra de evangelização da Igreja e participam da sua missão salvífica[93], ao mesmo tempo como testemunhas e instrumentos vivos, sobretudo se, depois de chamados por Deus, são aceitas pelos Bispos para essa empresa.

Nas terras já cristãs, os leigos concorrem para a obra de evangelização, fomentando em si e nos outros o conhecimento e o amor pelas missões, suscitando vocações na própria família, nas associações católicas e nas escolas, oferecendo auxílios de toda espécie para que o dom da fé, que eles receberam de graça, possa ser também oferecido a outros.

Nas terras de missão, os leigos, quer estrangeiros quer nativos, exerçam o ensino nas escolas, administrem as coisas temporais, colaborem na atividade paroquial e diocesana, iniciem e promovam as várias formas de apostolado dos leigos, para que os

---

[93] Cf. Ibid., 33, 35.

fiéis das Igrejas jovens possam assumir quanto antes a sua parte na vida da Igreja[94].

Finalmente, prestem os leigos, de bom grado, colaboração econômico-social aos povos em vias de desenvolvimento; essa colaboração será tanto mais de louvar, quanto mais se relaciona com a criação daquelas instituições que atingem as estruturas fundamentais da vida social ou se ordenam à formação daqueles que têm responsabilidades de governo.

São dignos de particular louvor aqueles leigos que nas Universidades ou em Institutos científicos promovem, com as suas investigações históricas ou científico-religiosas, o conhecimento dos povos e das religiões, ajudando assim os pregadores do Evangelho e preparando o diálogo com os não-cristãos.

Colaborem fraternalmente com os outros cristãos, com os não-cristãos, sobretudo com os membros das organizações internacionais, tendo sempre diante dos olhos a preocupação de que "a edificação da cidade terrena se alicerce no Senhor e para ele se oriente"[95].

Para desempenhar todas essas funções, precisam os leigos da necessária preparação técnica e espiritual, que se deve dar em Institutos a isso destinados, para que a sua vida seja entre os não-cristãos

---

[94] Cf. Pio XII, *Evangelii Praecones*: AAS (1951), 510-514; João XXIII, *Princeps Pastorum*: AAS (1959), 851-852.

[95] Cf. Const. dogm. *Lumen Gentium*, 46.

um testemunho de Cristo, segundo a palavra do Apóstolo: "Não deis ocasião de escândalo nem a judeus nem a gentios nem à Igreja de Deus, como também eu em tudo procuro agradar a todos, não buscando a minha própria utilidade, mas a dos outros a fim de que sejam salvos" (1Cor 10,32-33).

Conclusão

42. Os Padres deste Concílio, em união com o Romano Pontífice, sentindo bem o encargo de difundir por toda parte o reino de Deus, saúdam muito afetuosamente todos os pregadores do Evangelho, sobretudo aqueles que sofrem perseguição pelo nome de Cristo, e associam-se aos seus sofrimentos[96].

Também eles se sentem inflamados pelo mesmo amor de Cristo que ardia pelos homens. Mas, conscientes de que Deus é quem faz com que o seu reino venha ao mundo, unem as suas preces às de todos os cristãos para que, por intercessão da Virgem Maria, Rainha dos Apóstolos, as nações sejam quanto antes conduzidas ao conhecimento da verdade (1Tm 2,4), e a glória de Deus que resplandece no rosto de Jesus Cristo comece a brilhar para todos pelo Espírito Santo (2Cor 4,6).

---

[96] Cf. Pio XII, *Evangelii Praecones*: AAS (1951), 527; João XXIII, *Princeps Pastorum*: AAS (1959), 864.

ÍNDICE

Proêmio (n. 1) 5

CAPÍTULO I
PRINCÍPIOS DOUTRINAIS

O desígnio do Pai (n. 2) 7
A missão do Filho (n. 3) 8
A missão do Espírito Santo (n. 4) 11
A Igreja enviada por Cristo (n. 5) 13
A atividade missionária (n. 6) 15
Motivos e necessidade da ação missionária (n. 7) 19
A ação missionária na vida e na história humana (n. 8) 22
Caráter escatológico da ação missionária (n. 9) 24

CAPÍTULO II
A OBRA MISSIONÁRIA

Introdução (n. 10) 27

Art. 1: O testemunho cristão 28
O testemunho da vida e o diálogo (n. 11) 28
A presença da caridade (n. 12) 29

Art. 2: Pregação do Evangelho e a reunião do Povo de Deus 32
A evangelização e a conversão (n. 13) 32
O catecumenato e a iniciação cristã (n. 14) 33

Art. 3: A formação da comunidade cristã 35
Formação da comunidade cristã (n. 15) 35
A formação do clero local (n. 16) 39
A formação dos catequistas (n. 17) 42
A promoção da vida religiosa (n. 18) 44

CAPÍTULO III
AS IGREJAS PARTICULARES

Os progressos das Igrejas jovens (n. 19) 47
A ação missionária das Igrejas particulares (n. 20) 49
A promoção do apostolado dos leigos (n. 21) 52
A diversidade na unidade (n. 22) 54

CAPÍTULO IV
OS MISSIONÁRIOS

As vocações missionárias (n. 23)	57
A espiritualidade missionária (n. 24)	58
A formação espiritual e moral (n. 25)	59
A formação doutrinal e apostólica (n. 26)	61
Os Institutos missionários (n. 27)	64

CAPÍTULO V
A ORGANIZAÇÃO DA ATIVIDADE MISSIONÁRIA

Introdução (n. 28)	67
A organização geral (n. 29)	68
A organização local (n. 30)	70
A coordenação regional (n. 31)	71
A organização da atividade dos Institutos (n. 32)	72
A coordenação dos Institutos (n. 33)	73
A coordenação dos Institutos científicos (n. 34)	74

CAPÍTULO VI
A COOPERAÇÃO

Introdução (n. 35)	75
O dever missionário do Povo de Deus (n. 36)	75
O dever missionário das comunidades cristãs (n. 37)	77
O dever missionário dos Bispos (n. 38)	78
O dever missionário dos sacerdotes (n. 39)	81
O dever missionário dos Institutos de perfeição (n. 40)	82
O dever missionário dos leigos (n. 41)	84
Conclusão (n. 42)	86